Rudolf Otto Wiemer

Es müssen nicht Männer mit Flügeln sein

Rudolf Otto Wiemer

Es müssen nicht Männer mit Flügeln sein

Geschichten und Gedichte zur Weihnachtszeit

Mit Holzschnitten von Alfred Pohl

Quell

Überarbeitete und neugestaltete Ausgabe

ISBN 3-7918-2800-2

1. Auflage dieser Ausgabe 1995
Einbandgestaltung: Klaus Dempel
Einbandbild: Farbholzschnitt von Alfred Pohl
Gesamtherstellung: Maisch & Queck, Gerlingen

Inhalt

Advent

Holt den Sohn vom Bahnhof ab.
Er kommt.
Man weiß nicht genau, mit welchem Zug,
aber die Ankunft
ist gemeldet.
Es wäre gut, wenn jemand
dort auf und ab ginge.
Sonst verpassen wir ihn.
Denn er kommt
nur einmal.

Die Katze von Bethlehem

Ja, der Ort heißt Bethlehem, daran erinnere ich mich genau, weil die Katze mir dort weglief. Darüber sind einige Wochen vergangen, und es ist ja auch ungewöhnlich, daß ein Soldat sich mit einer Katze anfreundet. Ich bin nicht Centurio, nein, ich bin ein einfacher Muschkote und gehöre der Mannschaft an, die das untere Judäa für den Statthalter Quirinius besetzt hält. Dieser hat wiederum den Kaiser Augustus als Herrn über sich, aber das weiß natürlich jedes Kind.

Was mich betrifft, so stamme ich aus ärmlichen Verhältnissen. Überdies plagt mich das Heimweh. Oft habe ich die Augen woanders, als der Centurio sie haben will. Das hat mir schon manchen Rüffel eingebracht. Oder bei den Kameraden ein hämisches Gelächter.

So war es auch, als wir in der Gegend von Bethlehem in einer Bauernhütte beim Waffenreinigen saßen und der Bauer, wenige Schritt entfernt, sich anschickte, ein Kätzchen im Eimer zu ersäufen. Ich sprang auf und entriß ihm das Tier, das nicht älter sein mochte als wenige Tage.

Je nun, dazu hatte ich keinen Befehl. Ich konnte mich dem Centurio gegenüber auch nur damit entschuldigen, daß wir zu Hause stets Katzen um uns gehabt hätten. Der Centurio, zuerst verblüfft, dann aber für die Mannschaft auf einen Witz aus, überließ mir das Kätzchen, indem er ausdrücklich befahl, es gleichsam als eine Art Talisman für die Hundertschaft zukünftig mit meiner Löhnung zu versorgen. Die Kerle lachten lauthals. Und die Katze hieß fortan, da sie zutraulich neben mir aufwuchs, Amica, abgekürzt Mica, das heißt Freundin.

Dazu muß ich einräumen, daß man mich sowieso für beschränkt im Kopf hält. Man schiebt das meiner guten alten Mutter zu, die mir Respekt vor jeglicher Kreatur beibrachte und die nun in einem Vorort von Rom auf mich wartet.
Es ist wahr, ich kann dem Kriegsdienst nichts abgewinnen, zumal ich sehe, wie die Einheimischen uns der grausamen Vorfälle wegen verachten. Sie gehen uns aus dem Weg. Sogar der Bauer wich vor dem Kätzchen zurück, weil er es für unrein hielt, nachdem es in meiner Hand, der eines Heiden und Götzendieners, gesessen.
Mica allerdings trug keinerlei Beschwernis von meinem Eingriff davon. Ich besorgte ihr Ziegenmilch, sie wuchs, trieb ihre Kapriolen und schnurrte mir um die Füße, sobald ich vom Dienst kam oder abends die Stiefel auszog. Tagsüber saß sie meist im Wachhaus auf der Fensterbank. Streckte sie sich, so mußten selbst die hartnäckigsten Spötter ihren kräftigen Wuchs und das glänzende schwarze Fell, das an den Pfoten helle Flecken aufwies, bewundern. Freilich, auf Mäusejagd ging Mica ebenfalls. Das war ihr angeboren, auch wenn ich ihr anmerkte, daß sie meine Abwehr verstand und sie durch freundliche Zuwendung gutzumachen suchte.
Um so mehr war ich erschrocken, als sie eines Tages weglief. Die Nacht fiel früh herein, kalt wehte der Ostwind über die Stoppeln. Außerdem wurde der Wachdienst verstärkt, da ganz Bethlehem der Steuerzahlung wegen sich ausweisen mußte und viel fremdes Volk in den Gassen zusammenlief.
Unsere Unterkunft liegt am Ende des Dorfes. Die Mauer grenzt an das Brachfeld, wo gewöhnlich die Hirten ihre Schafherde, wenn es dunkelt, in die Pferche führen. Sie brennen dann ein Feuer an, um die streunenden Wölfe abzuhalten.
Harmlose Leute sind es, diese Hirten. In Armut und Angst

hoffen sie auf bessere Tage, denn sie sind für jedes verlorene Lamm verantwortlich und werden von den Großpächtern, die ihre Herren sind, bei jeder Nachlässigkeit hart bestraft. Uns Söldner fürchten sie fast noch mehr, weil das Gerücht eines zukünftigen Krieges bei ihnen nicht auszurotten ist. Kurzum, sie machen einen Bogen, sobald einer der unsern sich nur blicken läßt. Deshalb habe ich auch nie mit einem Hebräer gesprochen, obwohl ich ein paar Brocken ihrer Sprache verstehe und mir, lege ich die Rüstung ab, nicht viel anders vorkomme als jene, die ebenfalls eine Mutter haben und arm sind, noch dazu unter einem römischen Befehl.
Diesmal mußte ich jedoch mit den Hirten sprechen. Ich war ja fast außer mir, da ich bis zum Abend keine Spur von der Katze entdeckte. Ich war über die Felder gelaufen, durch den Weinberg, hatte die Hütten in der Nähe des Dorfes abgesucht, alles ohne Erfolg. Jedesmal, wenn ich mit hängendem Kopf zurückkehrte, machten die aus meiner Hundertschaft sich über mich lustig: »Na, hat vielleicht der Wolf deine Mica gefressen? Oder der König Herodes?«
Nein, schlafen konnte ich in dieser Nacht nicht. Ohnehin kündigte sich ein Wettersturz an. Der Himmel war in Aufruhr. Das machte mich unruhig. Ich vernahm sogar Stimmen draußen, und als ich, noch in voller Montur, den Soldatenmantel überwarf, den Helm aufsetzte und an der Wache vorbei ins Freie trat, war ich fast verzweifelt.
Ohne nachzudenken, lief ich durch die ruhenden Schafherden hindurch auf das Hirtenzelt zu. Es war leer. Nur ein uralter Mann, mit schlohweißem Haar und starrem Blick, saß bei der Asche. »Was willst du hier?« murmelte er, noch ehe ich eine Frage an ihn richten konnte. »Du mußt nach Bethlehem gehen, zum Stall. Dort wirst du finden, was du suchst.«
»Zum Stall?« knurrte ich. »Bist du von Sinnen? Es gibt viele

Ställe in diesem verdammten Nest. Welchen Stall meinst du?« Es ist wahr, ich fluchte, weil ich an meine verlorene Katze dachte. Der Alte schien mich zu verstehen. »Es gibt nur diesen einen Stall«, sagte er. Dann begann er wieder zu murmeln, krauses Zeug, wie mir schien, von einem Kind, in Windeln gewickelt, und von einem hölzernen Viehtrog.

Ein Kind? Ein Viehtrog? Na ja, was denn sonst? Unwirsch wandte ich mich wieder nach draußen.

Es mochte kurz nach Mitternacht sein. Die Welt war wie ausgestorben. Ungewisses Licht schimmerte in der Tiefe des Himmels. Und wahrhaftig, ein heller Stern, wie ich ihn noch nie gesehen, stand über dem Ort, genau gesagt, über einem armseligen Dach am Rande von Bethlehem.

Beim Näherkommen sah ich: es war ein Stall, wie der Alte behauptet hatte. Ich trat ein. Stroh hing im Gebälk, es roch nach Ochs, nach Ziege und Esel. Noch mehr wunderte es mich, als ich beim Schein der Laterne die Hirten erkannte, fünf oder sechs Männer. Sie kauerten um das Krippenholz und hielten ihre struppigen Köpfe gesenkt. Als sie meinen Helm und meine Rüstung gewahrten, rückten sie enger zusammen. Ich trat, um ihnen keinen Schrecken einzujagen, rasch hinter den Balken zurück. Deshalb habe ich von dem Kind in der Krippe wenig gesehen, auch die Frau und den Mann kaum wahrgenommen, zu denen das Kind gehörte. Doch als ich, wie gesagt, aus dem Dunkel ins Helle starrte, entdeckte ich Mica, meine Katze.

Man möge mir verzeihen, daß ich für nichts anderes Augen hatte. Ich war so überrascht, die Verlorene hier wiederzufinden, daß ich weder Fuß noch Hand rühren konnte. Ich mußte die Katze einfach anschauen, wie sie dort saß in ihrem schönen schwarzen Fell und wie sie die weißgefleckten Pfötchen so anmutig hielt.

Was aber hockte vor ihr im Stroh? Man wird es kaum glauben, doch so wahr ich ein Soldat des Kaisers bin: dort, dicht vor der Katze, saß eine Maus. Eine graue Stallmaus. Und, was meint ihr, die Maus fürchtete sich nicht vor der Katze; und die Katze hatte offenbar keinerlei Laune, die Maus zu fressen. Nein, die beiden Tiere spielten miteinander. Ich sah – und das ist es, was ich nicht vergessen kann –, wie ihre Pfoten, die großen, kralligen der Katze und die kleinen, rosafarbenen der Maus, sich berührten; wahrhaftig, sie kamen sich sehr nahe, es sah fast menschlich aus.

Muß ich noch sagen, daß ich Mica mit Freuden nach Hause trug? Die Hirten gingen mir zur Seite. In sich gekehrt, dann wieder sehr gesprächig, schienen sie keine Furcht mehr vor meiner Rüstung zu haben. Sie erzählten in ihrem Kauderwelsch vom Kind, von Maria und Joseph, sogar von Engeln. Die hätten, sagten sie, in einem unglaublichen Licht plötzlich vor ihnen gestanden und Frieden für alle Menschen verkündet.

Ich gestehe, daß ich dies alles nur undeutlich vernahm, auch nicht recht daran glaubte. Nur eines: das Wort »Frieden« drang dergestalt in mich, daß ich immerfort an meine alte Mutter denken mußte und an den Augenblick, da sie auf der Schwelle unseres Hauses stehen würde, um mich, den Heimgekehrten, zu umarmen.

Noch seltsamer: ich werde es nicht mehr los, das Wort. Besonders, wenn ich Mica betrachte, die auf der Fensterbank sitzt und mir zublinzelt. Nun ja, sie fängt wieder Mäuse; aber es hat diese eine Nacht gegeben, die es meiner Mica erlaubte, wie eine Schwester mit der Maus zu spielen; ich sah es mit eigenen Augen. Aber was, beim Himmel, war das für eine Nacht, in der die Katze mehr wußte als ich?

Das Wort aus der Garage

Damals, als der Diktator Augustus oder
Hitler oder Stalin oder Mao Tse-tung, der
Name tut nichts, die Steuern eintrieb und zählte die
Zivilisten, kamen wir, grau von Schnee, im
Wintermanöver mit den Geschützen,
dritte Batterie, je vier Mann Bedienung, ein
Unteroffizier, ein Stabsgefreiter, durch den
Stacheldraht abends nach Bethlehem ins Quartier,
und weil kein Platz war in den Kasernen, nicht in
Kellern, Maschinenschuppen, Hotels, Schulen, Baracken,
alles von Militär besetzt, von Kurieren,
Flüchtlingen, Delegationen, gab man uns eine nach
Benzin stinkende, zufällig leere Garage, sie
war aus Zement, ohne Fenster, kalt, doch einigermaßen
trocken, dort kam, von dem hier die Rede ist, dort
kam er zur Welt, die Frau machte nicht Umstände, wie
konnte sie, riß einen Sack in Fetzen,
wickelte den Schreihals hinein, legte ihn in den
Werkzeugkasten und deckte das Elend zu mit der
Herald Tribune, die einer von uns in der Rocktasche
trug, ihr Mann, der unbeholfene Kerl, redete, wenn
überhaupt, mit »Herr Soldat« uns an, zog die Axt
aus dem Gürtel, spaltete Holz, doch eh er Feuer
schlug aus dem Span, zeigten wir ihm das Benzinfaß,
soweit o. k., merkwürdig nur, daß die Telegrafisten, die
im Feld biwakierten, plötzlich hereingestolpert kamen:
Nachricht im Äther, stotterten sie, SOS, nicht fürchten,
Rettung, Befehl von irgendwoher, aus der Höhe das

Morsezeichen »alles wird anders«, sie waren wie
toll, wie besoffen, doch ohne Schnaps und schielten zum
Kind, als käme die Nachricht von ihm, und dann, gegen
Morgen, schade, daß kein Fotograf dabei war für
Souvenirs, da warn noch drei andere, ein
Professor aus Cambridge, ein Pekinger
Funktionär, ein Medizinmann vom Kongo, sie
standen prächtig, weiß, gelb, schwarz in Pelz und
Seide, trotzdem verstört und krümmten sich vor dem
Kind, das jetzt ganz still war, murmelten Unverständliches,
reckten sich, lächelten durch die
Zähne, dolmetschten, alles Unsinn natürlich: Konstellation
der Sterne, Marxismus, Relativitätstheorie,
wer kapiert schon sowas, nee, wir
waren wie vor den Kopf gedonnert, nicht mal, daß
einer fluchte, erst, als wir wieder bei zwanzig Grad
Frost hockten hinterm Geschützrohr, klamm, die
Fäuste im Wollsack, fing die Parole in unseren
Schädeln an zu rumoren, das Latrinengerücht,
was denn sonst, doch stur wie ein Panzer:
Friede wäre gemacht, man denke, Friede, die
Geschütze Schrott, Munition, Karabiner, Lafette, EK,
alles Schrott, alles Schrott und alles wird anders und
wir, Kreti Pleti, kommen nach Hause,
ungelogen, bis heute schwafelt man in den
Kasernen davon, ich schätze, das Wort, das
unmögliche Wort aus der Garage, das Wort aus
Bethlehem, so rasch ist das Wort nicht
totzukriegen unter den Landsern.

Lieder-Hannes oder: Jeder hat seine eigene Krippe

Kurz vor dem Dorf M., das abseits zwischen Wäldern liegt, begegnete ich ihm. Er stand im Schneegestöber mitten auf der Straße und winkte. Ein struppiger Bart, der von den Flokken weiß geworden war, bedeckte Mund, Wangen und Kinn. Den grünen Lodenhut hatte er tief in die Stirn gezogen, so daß außer der Habichtsnase nur die Augen zu sehen waren, die mich scharf und mißtrauisch anblitzten.
»Entschuldigen Sie«, sagte er, nachdem ich den Wagen angehalten und das Fenster heruntergekurbelt hatte, »Sie haben, wie ich annehme, einen Christbaum im Wald geholt?«
»Stimm genau«, antwortete ich, etwas überrascht.
»Darf ich den Baum mal sehen?« fragte der Mann mit dem Lodenhut. Er warf einen kurzen Blick auf das Bäumchen, nickte und sagte: »Und die Erlaubnis?«
Ich zeigte ihm den vom Förster unterschriebenen und gestempelten Schein.
»In Ordnung«, brummte der Mann, indem er zur Seite trat und mir den Weg freigab. Sein runzliges Gesicht drückte so etwas wie Enttäuschung aus.
Mich belustigte die Sache. Es fiel mir ein, daß der Förster beim Aushändigen des Erlaubnisscheins gesagt hatte: »Nehmen Sie sich bloß vor Lieder-Hannes in acht. Er kontrolliert unbarmherzig.«
»Was hätten Sie denn getan«, fragte ich jetzt, den Motor anlassend, »wenn ich den Baum gestohlen hätte?«
»Das kommt darauf an«, erwiderte der Mann.
Womöglich wäre es ihm lieber gewesen, mich bei einem Diebstahl zu ertappen. Dergleichen begegnete ihm wohl öf-

ter, da das Dorf M. im Ruf eines Wildderernestes stand. Auch sonst nahm man es dort, wie ich bei meinem zweitägigen Aufenthalt erfuhr, mit dem staatlichen Eigentum nicht allzu genau.

Um so mehr wunderte es mich, daß, als ich abends einen Gang durch den Ort machte, fast aus jedem Haus helles Liedersingen erscholl, mal laut, mal leise, sogar Männerstimmen waren darunter.

Nun gut, dachte ich, vor dem Weihnachtsfest wird überall gesungen und musiziert, auch wenn dieser gemütvolle Brauch mehr und mehr schwindet. Hier, in M., überraschte mich die Häufigkeit und Stärke des Gesanges; deshalb fragte ich meinen Wirt nach den Gründen. Ob man vielleicht einen Schulmeister habe, forschte ich, der die Kinder erfolgreicher zum Singen anhalte, als dies sonst heute geschieht.

»Nein«, antwortete der Wirt, »einen Schullehrer nicht, aber einen Forstgehilfen.«

»Nanu«, staunte ich, »was hat ein Forstgehilfe mit den Liedern zu tun?«

»Nur mit den Weihnachtsliedern«, erwiderte der Wirt und schmunzelte, »haben Sie noch nie davon gehört?«

Nein, das hatte ich nicht.

Der Wirt lud mich daraufhin zu einem Glas Grog ein. Er setzte sich zu mir an den Tisch und lächelte.

»Offen gestanden«, sagte er, »ich hatte Sie im Verdacht, daß Sie ebenfalls zu denen gehören, die sich ein paar Tage vor Weihnachten den Spaß machen, unseren Ort aufzusuchen, um sich da einen Christbaum zu verschaffen. Auf die billige Art.«

»Spaß? Ist da ein Spaß dabei?«

»Normalerweise nicht. Wer ein Bäumchen ohne Erlaubnis mitgehen läßt, wird wegen Diebstahl angezeigt. Immerhin gibt es in unserem Ort viele, denen das Christfest bei einem ordnungsgemäß erworbenen Baum keine Freude macht. Ein wenig Spannung oder Abenteuer muß schon dabei sein, sagen sie. Und weil das Jesuskind nicht für die Reichen, sondern für die Armen gekommen ist, so hätte es gewiß nichts dagegen, wenn ein Tagelöhner zur Feier der Christgeburt sich das Bäumchen heimlich aus dem Wald holt, wo doch Sonne, Wind und Regen sowieso nicht dem staatlichen Forstamt unterstehen. Das ist, obwohl nicht ganz stichhaltig, doch zu begreifen, nicht wahr?«

»O ja, so etwas gibt es überall. Doch in M., scheint mir, hat die etwas fragwürdige Baumbeschaffung überhandgenommen.«

»Ganz recht«, sagte der Wirt, »daran ist Lieder-Hannes schuld.«

»Wieso? Ist es nicht gerade dieser graubärtige Mensch, der die Baumdiebe energisch zur Rede stellt und sie anzeigt?«

»Kommt darauf an«, erwiderte der Wirt.

Ich entsann mich, diesen Satz bereits draußen auf der Landstraße gehört zu haben. Meine Neugier wuchs. »Erzählen Sie«, sagte ich, »was für ein Geheimnis steckt dahinter? Oder ist es keins?«

Der Wirt stand auf, goß Rum in die leeren Gläser und füllte mit heißem Wasser nach. Er schob die Zuckerdose heran und sagte: »Ein Geheimnis ist es nicht. Der Förster weiß genau Bescheid und drückt bei Hannes' seltsamen Methoden ein Auge zu. Vielleicht denkt er auch, daß ein bißchen Narretei dem Christfest nicht schadet, zumal wenn es so ungewöhnliche Folgen hat.«

»Narretei?« fragte ich. »Und ungewöhnliche Folgen?«

»Nun ja«, der Wirt lachte, »ist es etwa nicht ungewöhnlich, wenn ein ganzes Dorf anfängt, Weihnachtslieder auswendig zu lernen? Nicht in der Schule, Gott bewahre! Zu Hause lernen sie, in der Küche, in der Werkstatt, im Stall – die Alten wie die Jungen! Und wenn ein Lied fünfzehn Strophen hat, wie zum Beispiel ›Vom Himmel hoch, da komm ich her‹, oder zwölf Strophen wie ›Fröhlich soll mein Herze springen‹, so lernen sie eben alle fünfzehn oder zwölf Strophen! Der Spaß ist ihnen die Mühe wert.«

»Nicht zu glauben!« rief ich. »Das lernen sie freiwillig?«

»Freiwillig nicht gerade«, räumte der Wirt ein, »doch Lieder-Hannes ist streng wie ein Korporal. Er selber kennt die Texte genau, und niemand kriegt eine Strophe geschenkt.«

Ich schüttelte verwirrt den Kopf. Was hatte ein Holzhauer, der erst kürzlich zum Forstgehilfen befördert worden war, mit den Weihnachtsliedern zu tun? Und weshalb fragte er Texte ab?

»Ganz einfach«, lächelte der Wirt. »Hannes ist beauftragt, alljährlich das Fällen und den Transport der Christbäume zu beaufsichtigen. Nebenbei kontrolliert er auch den Forst und die Zufahrtswege. Da kommt es nicht selten vor, daß er einen Baumdieb erwischt.«

»Na, und? Den zeigt er doch an?«

»Gewiß tut er das. Aber nur, wenn der Dieb ihm kein Weihnachtslied aufsagen oder vorsingen kann. Mit allen Strophen, natürlich.«

»Großartig! Und wenn dem Übeltäter das gelingt?«

»Dann läßt er ihn laufen.«

»Mit dem Bäumchen?«

Der Wirt nickte. »Es passiert jedoch«, fuhr er fort, »daß Hannes, falls es sich um eine größere Fichte handelt, mit einem simplen Lied wie ›Morgen, Kinder, wird's was geben‹, das nur drei Strophen hat, nicht zufrieden ist. Er schlägt dann einen umfangreicheren Text vor. Deswegen müssen die

Leute ja unentwegt lernen, verstehen Sie? Weil man nie genau weiß, welche Lieder Hannes verlangt. Allerdings, das muß man hinzufügen, der Vorrat des Forstgehilfen ist nicht unerschöpflich. Fünfzehn oder zwanzig Lieder – so viele hat er in seinem Repertoire. Das hat sich herumgesprochen bei uns in den Häusern.«

Ich staunte. Wahrhaftig, nicht jedes Dorf hat solch eine sonderbare und zugleich nützliche Forstpolizei. »Woher mag Lieder-Hannes den Spleen haben?« fragte ich.

Der Wirt schwieg eine Weile. »Man munkelt«, sagte er schließlich, »Hannes sei, da er ein Waisenkind war, bei seiner Großmutter aufgewachsen. Diese Großmutter habe ihn viele Weihnachtslieder lernen lassen, um, wie sie sagte, einen anständigen Menschen aus ihm zu machen und ihn vor allem Bösen zu bewahren. Streng war sie auch, die Großmutter, viel Lob hat er nicht geerntet bei ihr. Doch später ist er nicht wenig stolz gewesen auf seine Kenntnisse und auf sein gutes Gedächtnis. Und es ärgerte ihn gewaltig, daß heutzutage niemand mehr ein Lied mit allen Strophen auswendig singen kann. So ist das halt«, schloß der Wirt, »jeder hat seine eigene Krippe, in die er das Jesuskind legt. Und eine aus Liedern gemachte ist vielleicht nicht die schlechteste.«

Am nächsten Tag, als ich das Dorf im Wagen verließ, stand Hannes wieder auf der Straße, doch er hielt mich nicht an. Fast bedauerte ich, das Bäumchen nicht gestohlen zu haben, denn ich hätte ihm gern einen Text aufgesagt, vielleicht »In dulci jubilo, nun singet und seid froh« – doch konnte ich sicher sein, daß ich nicht steckenblieb?

Der Mann, der den Engel schlug

Der Mann bin ich. Dreimal habe ich ihn geschlagen. Doch es war nicht der Engel, nein, das lasse ich mir nicht einreden, obwohl um diese Jahreszeit merkwürdige Dinge möglich sind. Die Mutter behauptete das jedenfalls immer. Sie sagte: Kurz vor Weihnachten steht der Engel hinter der Tür. Was tut er da? fragte ich. Er hört alles, antwortete die Mutter, und er sieht alles. Hinter der Tür kann er doch nichts sehen? O doch, sagte die Mutter, Holz ist für einen Engel durchsichtiger als Glas. Wenn es aber dunkel ist? Ich meine: ganz dunkel? Dann kommt er erst recht, sagte die Mutter.

Sie redete nicht oft so, sie war eine stille Frau. Wahrscheinlich hätte sie auch vorgestern nichts gesagt, als die Sache mit dem Fabrikdirektor passierte; nur angeblickt hätte sie mich. Nicht mal den Kopf geschüttelt, nur angeblickt. Aber sie ist seit zwanzig Jahren tot, sie kann mich nicht mehr anblicken, da muß schon ein Engel kommen, so ein magerer, hochaufgeschossener Engel mit Struppshaaren, wie der Fietje einer ist, der gesagt hat, er wolle mich abholen, und draußen habe es geschneit, und es gebe prima Weihnachtswetter.

Ein bißchen schwatzhaft war der Fietje stets, aber abholen, nee, das fiel ihm sonst nicht ein. Viel übrig hat er für seinen Pflegevater nicht, zumal ich ihm kurz vorher den Marsch geblasen hatte, weil er gegen seinen Meister frech war, der Lausebengel.

Ob er vielleicht deshalb in den Heizkeller kam? Dort war es warm, und ich hatte meine Stelle noch. Keine schlechte Stelle. Ich konnte zum Beispiel vom Heizkeller in den Garten hinausgehen und einen Blick auf die winterharten Stau-

den werfen, die ich vor drei Jahren gepflanzt habe. Daneben der Wacholder ist auch gut angewachsen. Noch besser die dunkelgrüne Eibe, die flache, glänzende Nadeln hat. Dahinter sind die Dächer des Gewächshauses, schräg. In der Sonne glitzern sie wie Eis, und die zusammengerollten Strohmatten leuchten. Ich konnte, wenn ich wollte, auch in die Garage gehen, zu tun gab es da immer. Jetzt weiß ich nicht mal genau, ob der Himmel noch da ist. Gewiß, in der Garage war überhaupt kein Fenster, doch die Tür stand weit offen, und Herr Stanitz brauchte nur zu winken, da summte der Motor schon, und der Wagen glitt ohne ein Stäubchen dunkelrot über den dünnbeschneiten Kiesweg.
Lachhaft. Ich meine das Fenster hier. Mit Gitter. Und so hoch, daß man sich auf die Zehenspitzen stellen müßte. Aber selbst dann könnte man nichts sehen. Allenfalls mit dem Schemel. Doch ich habe keine Lust, auf den Schemel zu steigen. Ist ja auch gleichgültig, wie es draußen aussieht. Prima Weihnachtswetter, hat Fietje gesagt. Ob er das jetzt immer noch behauptet? Er wird lange genug in der Kälte gestanden haben, der Bengel. Er wartete am Hauptportal, und ich drückte mich hinter den Gewächshäusern durch die Gartenpforte. Als risse ich vor ihm aus, ich, sein Pflegevater. Ein Mann von beinahe fünfzig Jahren. Und die Geschichte fing so klein an, daß man es kaum bemerkte.
Mensch, sagte Otto, der Polizist, du wirst dich doch nicht unglücklich machen. Ich unglücklich? Was weiß denn Otto davon, der mit seinem Bäckergesicht. Hätte mich in Ruhe lassen sollen, das Geld versaufen, das Drecksgeld, das Stanitz mir in die Hand gedrückt hat wie einem Hausierer. Lohn inklusive Weihnachtsprämie, damit basta. Wie kann Otto sich da reindenken, wo er fest angestellt ist beim Vater Staat, und niemand darf ihn fortjagen, niemand. Er zieht jeden Morgen

seine Uniform an, schnallt das Koppel um, freut sich über die blank geputzten Knöpfe. Dann geht er auf die Straße und gibt seinen Freunden gute Ratschläge.
Otto ist mein Freund, natürlich. Wir haben zusammen auf der Schulbank gesessen, und er hätte mich niemals angezeigt. Das hat der Schuwalke getan, das Ekel. Widerstand gegen die Staatsgewalt, sagte er. Schade, daß ich ihm nicht auch eine gewischt habe. Aber ich traf leider nur Otto, er war schon in der Schule nicht sehr gewitzt. Niemand hätte ihm zugetraut, daß er mal Polizist würde. Ein kleines, hageres Bürschchen mit Windbacken. Der braucht nur noch Flügel, sagten die Leute. Aber da waren die Leute im Irrtum. Otto hatte es gar nicht eilig mit den Flügeln. Er hörte auf zu husten, er wurde dick und rund und ebenso groß wie ich. Was kann er dafür, wenn die Leute ihn nicht ernst nehmen? Jedenfalls hat er einen achtbaren Beruf und braucht keine Angst davor zu haben, daß man ihn fortjagt.
Ob er am Amtsgericht Dienst tut? Wäre gar nicht übel, wenn ich ihn hier träfe. Na, Otto, wie ist das Wetter draußen? Schneit's noch? Und dann sehe ich, wie er rot wird. Sein Gesicht läuft rosig an, die Backen, die Stirn, das Doppelkinn, wie ein Reklameballon von Ellward Söhne, da konnte er schon als Junge nichts gegen tun.
Handschellen hast du doch nicht mitgebracht, Otto? Und wenn schon, ich werde dir keine Schwierigkeiten machen. Nein, so schlecht bin ich gar nicht. Bis gestern hatte ich keine Vorstrafe. Mein Leumund war ebenso rosig wie der deine. Das weißt du, Otto. Aber du begreifst wohl, daß es Augenblicke gibt, da geht das Leben mit einem durch. Nichts gegen zu machen, Otto.
Trotzdem wäre ich froh, wenn du den widerlichen Menschen ablösen könntest, den Gefängniswärter. Ich bin zwar

erst einen halben Tag hier, aber der Kerl geht mir auf die Nerven, Otto. Solange ich draußen war, habe ich ihn kaum beachtet, obwohl er eine Zeitlang zum Kegelklub gehörte, wie du und ich, dort trafen wir uns mitunter. Er schoß regelmäßig daneben. Wir nannten ihn den Pumpenmeister. Darüber lächelte er, doch schon damals war mir sein grienendes Gesicht widerwärtig. Gar erst hier, wo er mich mit ausgesuchter Freundlichkeit behandelt, als wäre ich sein »Bruder«, wie diese Menschen sich nennen, die mittwochs in die Betstunde laufen. Soviel ich weiß, gehört er irgendeinem frommen Verein an, doch er redet nicht darüber. Ab und zu höre ich seinen schlurfenden Schritt hinter der Zellentür. Du brauchst keine Angst zu haben, soll das heißen, ich bin noch da. Ich passe schon auf, daß dir nichts geschieht. Ich muß die Zellentür zwar verschließen, das verlangt die Vorschrift, aber deshalb bin ich doch da. Wir kennen uns ja aus dem Kegelklub, und du sollst nicht denken, daß ich dich allein lasse. Deshalb gehe ich hier auf und ab, meinen Schritt wirst du wohl hören.
O ja, ich höre den Schritt des Pumpenmeisters, und ich bin wütend auf ihn, mehr als auf Otto und Fietje. Ich habe den Kerl außerdem im Verdacht, daß er meine Freilassung betreibt. Heute morgen kam er ganz aufgeregt in die Zelle. Er hielt den Kaffeebecher in der Hand, und die Hand zitterte. Ich habe eine gute Nachricht für dich, sagte er. Ich lehnte mit dem Rücken gegen die Wand. Willst du nicht wissen, was es ist? fragte er. Stell den Kaffee dorthin und mach, daß du rauskommst! Wäre er jetzt erschrocken und hätte er getan, was ich von ihm verlangte, ich hätte ihn nicht anzurühren brauchen, aber der Mensch ging ja nicht. Nein, er stand und griente, und das reizte mich. Du wirst Heiligabend freikommen, sagte er. Mir wurde die Kehle trocken. Raus!

brüllte ich. Er ließ sich nicht einschüchtern. Wie ein Postbote stand er da, der den Brief mit der Nachricht loswerden möchte. Morgen ist Heiligabend, sagte er. Da schlug ich ihn, das heißt, ich stieß ihn vor die Brust, daß er taumelte. Der Kaffee schwappte auf die Steinfliesen. Nun wird er wohl genug haben, dachte ich. Doch der Pumpenmeister guckte mich nur groß an. Dann bückte er sich und wischte die Pfütze weg. Ich hörte, wie er die Zellentür verriegelte.
Der Kerl schämt sich fast, daß er mein Wärter sein muß. Er möchte mich das nicht merken lassen, deshalb entschuldigt er alles. Ihm hätte das auch passieren können, sagt er. Als ob er es gewesen wäre, der den Weihnachtsbaum ins Feuer gesteckt hat. Den Weihnachtsbaum des Fabrikanten Stanitz, so doof fing es an.
Fast nicht zu glauben, die Geschichte. Deshalb habe ich sie auch niemandem erzählt. Nur der Fietje weiß, wie es gewesen ist. Und er hat mir einen Blick zugeworfen, einen Blick, sage ich, nee, das verträgt kein erwachsener Mensch. Ist bloß ein siebzehnjähriger Bengel, der Fietje, und ich bin sein Pflegevater. Aber der Blick genügte. Der Blick hat mich sozusagen verurteilt, auch wenn sie mich heute oder morgen freilassen.
Haben wohl Mitleid mit mir, die Herren vom Amtsgericht. Ein reputierlicher Mann, Gärtner von Beruf, dazu Schofför und Heizer beim Fabrikanten Stanitz, ohne Vorstrafen, Mitglied mehrerer Vereine, dreimal verwundet, Orden und Ehrenzeichen, Gefangenschaft, jähzornig, jawohl, doch nur selten gewalttätig, verheiratet, ohne Kinder, ab und an in lustiger Gesellschaft, nicht sehr trinkfest, leider, und deshalb sollte man ein Auge zudrücken, Paragraph soundso. Das Tollste ist, daß Stanitz sich für mich verwendet hat. Der vermißt seinen Christbaum vielleicht noch gar nicht. Oder er spielt

den Großmütigen. Man will mich weichmachen. Niederschlagen will man die Sache. Als ob ich nicht genug geschlagen hätte! Fietje habe ich geschlagen. Otto habe ich geschlagen. Und den Pumpenmeister habe ich geschlagen. Dreimal denselben.

Wie? Klar, ich weiß genau, daß das keine Engel sind, ich kenne sie doch alle drei, und ich halte sie gut auseinander. Aber da ist immer noch ein Gesicht, das durchscheint durch die drei anderen Gesichter. Und dieses Gesicht, meine ich, habe ich auch geschlagen. Dreimal dasselbe Gesicht.

Na, hört euch den Quatsch an. Wehren sollte man sich gegen die blödsinnigen Gedanken. Einfach abschalten. Habe ich doch sonst ganz gut gekonnt, das Abschalten. In der Garage. Oder im Gewächshaus. Man stelle sich vor, nichts wie Glas, so ein Gewächshaus. Zum Durchgucken. Hier sieht man so gut wie nichts. Keinen Baum. Nicht mal eine Brandmauer. Ich habe es ausprobiert. Ich bin auf den Schemel gestiegen. Nichts. Nur ein Stück Himmel. Grauer, ungewaschener Himmel. Und die Gedanken, die sind einfach da. Wie der Kohlegeruch an meinen Kleidern. Ich atme sie aus und atme sie ein, da ist nichts gegen zu machen.

Übrigens hatte ich den alten Soldatenrock an, wie stets in Stanitzens Keller, vor der Heizung. Ich pfiff gerade einen Schlager, nee, nach Weihnachten war mir nicht zumute. Trotzdem freute ich mich auf Lina und den Jungen. Wir wollten eine Partie Halma spielen, und abends, wenn der Junge im Bett war, wollte ich den Mecano-Baukasten ausprobieren. Da kommt Stanitz rein in den Keller. Großes, aufgeschwemmtes Gesicht mit Tränensäcken. Hofmann, sagt er, ich muß Sie entlassen. Ich merke, daß er noch schwerer atmet als sonst. Er steckt den dicken Zeigefinger hinter den Kragen. Verluste hat er gehabt in der Fabrik. Der Absatz des Porzellans ist zu-

rückgegangen. Merklich, sagt er. Ich muß mein eigener Schofför sein, sagt er. Und die Heizung kann der Hausdiener besorgen, ebenso das Gewächshaus und den Garten. Er hustet und lächelt müde. Natürlich gehen Sie erst im Januar, Hofmann, das ist selbstverständlich.
Ich drehe mich um und reiße die Feuerung auf. Ein paar Schaufeln Koks, nichts weiter. Dabei sehe ich den Christbaum in der Ecke stehen. Zwei Meter fünfzig, ein prächtiger Baum, ich hatte ihn auf dem Markt gekauft, für Stanitz persönlich. Und der Händler hatte mir eine kleine Fichte dazugeschenkt, gar nicht übel für unsere Verhältnisse. Denn unsere Stube ist so hoch nicht, und Lina stellt das Bäumchen gewöhnlich auf die Kommode.
Ich erwische den Baum also, den großen von zwei Meter fünfzig. Stanitz ist inzwischen fortgegangen. Ich lange die Axt rüber, da steht Fietje in der Tür. Er sieht sofort, was ich vorhabe. Er packt mich am Ärmel. Vater, sagt er, du wirst doch den Baum nicht kaputtschlagen. Halt die Klappe, sage ich, und weil er mich weiter am Ärmel zerrt, haue ich ihm eine runter. Er läßt los, er hat ein dunkelrotes Gesicht, und das Gesicht war noch naß vom Schnee. Ich hacke den Baum in Stücke, erst den großen Baum, dann den kleinen, der mir gehört. Mir und Lina und Fietje. Aus. Ins Feuer. Das grüne Zeug will nicht. Es sperrt sich in den Händen, als wäre es lebendig. Ich kriege es trotzdem klein. Die Flamme prasselt ganz hübsch. Lauter winzige Detonationen. Da, noch ein paar Holzsplitter. Das habe ich alles zusammengekehrt, Ordnung muß sein.
Gleich darauf kommt Stanitz zum zweitenmal in den Keller. Ich habe es mir überlegt, sagt er, vielleicht kann ich Sie doch halten, Hofmann. Übermorgen entscheidet es sich. Nein, sage ich, es ist schon entschieden. Stanitz blickt mich verdat-

tert an. Ich gehe, sage ich. Ohne Kündigung? Ja. Tut mir leid, Hofmann, sagt Stanitz, aber vielleicht schlafen Sie noch mal über die Sache. Nichts zu schlafen, sage ich. Stanitz blickt streng. Sein Kinn zittert. Die Pupillen werden groß. Ich muß an den Karpfen denken, der bei Stanitz in der Badewanne schwimmt und nicht weiß, daß er Heiligabend gekocht wird. Dann holen Sie Ihr Gehalt am besten gleich ab, sagt Stanitz, steckt den Finger hinter den Kragen und verschwindet. Vater! schreit Fietje. Er merkt, daß es ernst wird. Ich setze die Mütze auf und gehe ins Büro. Fietje ruft mir nach, daß er am Haupteingang warten will. Deshalb bin ich ja dann durch die Gartenpforte gekrochen, nachdem ich die Strohmatten über die Gewächshausdächer gerollt habe. Es schneite schon eine halbe Stunde. Die Flocken deckten meine Spur zu, und das Geld trug ich in der Tasche. Abzüglich zwölf Mark. Soviel hatte der Baum gekostet.
Es blieb sowieso kein Groschen von dem Geld übrig, nee, kein einziger Groschen. Zum Glück fand ich ein paar Kegelbrüder, wir sangen lauthals und prosteten uns zu, draußen schneite es, ein schöner Abend, Freunde. Man kann es sich geradezu vorstellen, wie der Weihnachtsengel jetzt über Land fliegt, mit roter Nase und persilweißen Flügeln. Soll nur achtgeben, daß er die Zehen nicht erfriert unter dem viel zu kurzen, dünnen Nachthemd! Und Fietje hat mich zum Glück nicht aufgegabelt in der Gaststube.
Nur Otto, der Polizist, weil er Dienst hatte. Und dann der zweite Polizist, der Schuwalke. Und dann gab es Widerstand gegen die Staatsgewalt, und man kriegte mich zu fassen und legte mich auf eine Pritsche, und Otto deckte mich zu und sagte: Schlaf mal erst, du bist ja ganz durcheinander. Und als ich aufwachte, war alles so komisch, kein Sofa, kein Spiegel an der Wand, und ich konnte auch nicht zu Stanitz gehen,

wo ich doch heizen muß und die Strohmatten auf dem Glasdach zusammenrollen, falls die Sonne scheint. Nur vier Wände waren da, kahle Wände, und ein vergittertes Fenster mit einem Holzkasten davor, und den Holzkasten kann man zuklappen, deshalb ist es so finster hier.
Aber da sind noch die Schritte auf dem Flur. Jetzt allerdings höre ich sie nicht. Womöglich ist der Wärter ins Amtszimmer befohlen worden. Er steht dort und grient, ich stelle mir das so vor. Der Amtsrichter sitzt vor einem Papier. Er betrachtet seinen Namenszug. Er ist ein Mann, der selten lächelt, weil er gerecht ist. Er nimmt den Stempel vom Halter. Er hängt ihn wieder an. Er dreht den Halter herum, weil er den richtigen Stempel nicht gleich findet. Ohne Stempel ist das Papier wertlos, selbst wenn es vom Amtsrichter unterzeichnet ist. Das Siegel muß hinzukommen, ein schwarzes Zeichen, das auf dem Papier schnell trocknet. So, nun gehen Sie, sagt der Amtsrichter. Und er fügt, ohne zu lächeln, hinzu: Damit es nicht zu spät wird.
So stelle ich mir das vor. Bald werde ich also den Schritt hören, den schlurfenden Schritt des Pumpenmeisters, vor dem ich mich fürchte. Ich will nicht frei sein, nee, ich halte es mit der Gerechtigkeit. Wie der Amtsrichter. Zehn Meter vom Leibe. Und ich pfeife auf eure Gnade, verstanden? Wenigstens Heiligabend sollte man vorbeilassen.
Ich kann doch keine Lichter anbrennen zu Hause, selbst wenn Lina einen neuen Baum besorgt hat. Nee, so stark fühle ich mich nicht. Das müßte der Kerl einsehen. Einfach zuviel verlangt ist das. Mich wegschicken, als ob nichts passiert wäre. Die Flocken, schön, ein paar Fußstapfen mögen sie zudecken, aber das andere. Wie soll ich denn vor dem Fietje dastehen, dem Lausebengel. Geld habe ich auch nicht.

Nee, hier ist man gut aufgehoben. So einer wie ich. Lina wird mich sowieso nicht vermissen. Neulich habe ich die Lampe zerschlagen, weil Lina absolut nähen wollte und ich spazierengehen mit ihr. Päng, aus der Traum. Dann saßen wir im Dunkeln, und Lina weinte.
Nee, ich danke. Ich will keinem Menschen mehr begegnen. Erst recht keinem Engel. Da kommt er. Die Schritte sind noch weit. Doch in der Stille sind sie deutlich zu hören. Tapp, tapp. Der Kerl hat es nicht eilig. Jetzt bleibt er stehen. Er überzeugt sich, ob das Papier in Ordnung ist. Er steht und kratzt das Kinn. Er überlegt, ob er umkehren soll. Ich hätte nichts dagegen. Tapp, tapp. Er kommt den Gang herauf. Erste Zellentür, zweite Zellentür, dritte Zellentür. Die fünfte bin ich. Er kann immer noch zu Nummer vier wollen. Warum nicht? Nummer vier ist ein junger Mann, der eine Braut hat. Und gestern hat er geschrien. Erika, oder irgend so einen Namen.
Wahrhaftig, er will zu mir. Er rasselt mit den Schlüsseln. Gleich wird die Tür aufgehen. Und er steht in der Zelle. Der Pumpenmeister. Geh heim, sagt er. Geh doch. Siehst du nicht, daß die Tür offen ist. In letzter Minute, sagt er. Du kannst abhauen. Alles in Ordnung. Na, hörst du nicht. Ein hartnäckiger Bursche. Hat er wirklich nichts Besseres zu tun, als hierher zu kommen? Zu mir? In diese dunkle, verdammte, gottverdammte Zelle?

Beim Abnehmen des Telefonhörers

Wer mag rufen? Es sind sehr viele Stimmen im
Äther, und manches erwart ich, das jetzt, da der
Abend dunkelt im Schneewind, vorm Schrei der Häher zu
sagen wäre: wie leer die Ebenen stehn, wenn die
Feuer verlöschen, wie fest verriegelt das Tor, das
gestern dem Bettler sich auftat, es kälten die
Worte, Liebkosungen werden verschmäht, nur das
Eis der Haßreden dauert, das glänzt wie Stahl aus den
Schluchten herauf, unbiegsam im frostenen Mond, und
lange wird Winter sein bei den Menschen. Wer
raunte es mir in die Muschel, wer rief, daß noch immer
Stacheldraht wächst in Berlin, bei Damaskus, am
Flusse Petschora? Vielleicht sind sie frei, die
Plennies, man schenkte ihnen den Rest, sechs Jahre
schimmliges Brot, Fischsuppe, Typhusbaracke –
welch eine Nachricht! Oder der Vorhang ging auf, die
Mauer wird abgetragen, die Heimat zum
Fremdwort macht, Brüder zu Söldnern doppelzüngiger
Heere – wer sagt, daß dies nicht geschehn kann? Ist
Hoffnung versiegelt? Sie lebt doch im Nichts, im
unvernommenen Ton der Membrane, im
Heben der Hand, die den Hörer abnimmt, da
haust sie und harrt, das Ohr zu beschämen.
Schon die Meldung genügt, daß die Panzer noch
warten und daß die Sirene noch stumm ist, es
grünen heller die Stuben dann, die Geranien
wärmen, nicht drohen mit neuen Namen die
Gräber. Vielleicht ist in Washington oder in Mossul

irgendein Pakt unterzeichnet, man steht
zahnlachend und Hand in Hand im Blitzlicht der
Kameraleute, oder die Mannschaft der
Southern Cross ist gerettet, die vierzig Stunden im
Eismeer trieb vor Kap Barrow – wie, wenn ich's, den
Hörer abnehmend, erführe? Und daß der
Hauswirt die Räumungsklage zurückzog, der
Mann mit den Kindern bleibt wohnen – auch das ist
denkbar,
denn viel erwartet, wer täglich anruft, schon
Weniges tröstet. Es könnte doch sein, daß der
Freund mir verziehn hat; daß eines der Kinder
fragt: Vater, wann kommst du; daß endlich der
Ofensetzer den Herd reparierte, und daß die Frau
auf die Frage: Was willst du? beiläufig
sagt: Deine Stimme wollte ich hören – einsam
wartet das Ohr im Dezember auf Botschaft, die Häher
wissen sie nicht, es schweigt der Nebel über den
Dächern, doch immer neu, wenn das Ticken sich
rührt im Munde aus Kautschuk, zittert mein Herz, der
Engel könnte mich rufen.

Das Licht in der Laterne

Es waren damals noch die Jahre der Gaslaternen. Sie standen am Saum der Straße und hatten gußeiserne Schäfte mit reichlich Schnörkelwerk. Ganz oben, in einem sechsseitigen gläsernen Kasten, brannte die Flamme. Tagsüber glomm nur ein winziger Funke darin, doch wenn Humpeljohann in der Dämmerung seinen Rundgang durch den Ort gemacht hatte, strahlten die zehn oder zwölf Laternen in wunderbarem Glanz.

Humpeljohann war außerdem Totengräber. Er hauste in einer Hütte am Dorfrand, allein mit dem Rotschopf, eine Frau besaß er nicht. Das Holzbein hatte er aus dem Siebziger Krieg heimgebracht, genau gesagt, einen hölzernen Stumpf unterhalb des Knies – Humpeljohann sagte, das mache soviel nicht aus. Doch wir Kinder sparten nicht mit unserem Spott. Hartnäckig erinnerten wir ihn daran, daß er ein Krüppel war und kein richtiger Mensch. »Humpeljohann!« riefen wir, so oft er mit seiner langen Stange daherstapfte, um das Licht zu entzünden. Er hörte es wohl, aber er drehte sich kaum um.

Lange meinte ich, Humpeljohann spräche an jeder Laterne ein Zauberwort, damit sie hell würde. Daß er dies mit der Stange bewerkstelligte, kam mir nicht in den Sinn. Ich schlich ihm nach, ich wagte mich nahe an ihn heran, doch das Zauberwort erlauschte ich nicht. Finster blickte Humpeljohann mich an. Er meinte wohl, ich hätte einen Schabernack vor.

Einmal geschah es, daß Humpeljohann krank wurde. Man sagte, der Kniestumpf sei vereitert, und nun gehe es wohl dem Totengräber selber ans Leben.

Uns Kinder kümmerte diese Nachricht wenig. Nur, daß unser Dorf im Dunkel bleiben mußte, gefiel uns nicht, besonders weil es auf Weihnachten zuging und der erste Schnee sich ankündigte. Und da nur Humpeljohann das Zauberwort wußte, so war er, meinte ich, nicht zu ersetzen. Die Grablöcher konnte zur Not ein anderer mit der Picke aus dem frostharten Erdreich schlagen. Wir merkten bald, daß der ehemalige Holzfäller Bokelmann das besorgte, und der Rotschopf half ihm dabei.

Der Rotschopf war Humpeljohanns Ziehkind, ein Bürschchen von zwölf Jahren, knochig wie ein Stock, mit rostigen Haaren und abstehenden Ohren. Als die Mutter ihm wegstarb, die eine jüngere Schwester Humpeljohanns gewesen sein soll, hieß er noch Fränzchen. Und Humpeljohann wurde nicht einmal zornig, als man den elternlosen Jungen in sein Haus brachte. Im Gegenteil, Humpeljohann schien stolz zu sein über die unverhoffte Vermehrung seines Familienstandes. Er nannte das Fränzchen »Sohn« und wollte sogleich, daß dieser »Vater« zu ihm sage. Das Fränzchen aber hatte nie einen Vater gehabt. Deshalb erschrak es über die barsche Zuneigung des Alten und lief davon.

Humpeljohann holte den Ausreißer zwar zurück, doch war von dieser Stunde an seine Liebe dahin, als habe der Junge sie mitgenommen in den Wald, wo er sich versteckt hatte. Vielleicht lag sie noch dort, und niemand konnte sie finden. Humpeljohann jedenfalls wurde noch wortkarger als vorher. Auch nannte er den Jungen nie mehr mit dem Namen. »Zum Bäcker«, brummte er, oder »Zum Fleischhauer«, wenn etwas zu besorgen war. Und nun fluchte Humpeljohann gar, als er mit dem eitrigen Kniestumpf im Bett lag. »He!« rief er und zeigte nach dem Fenster. »Es wird dunkel draußen! Siehst du das nicht, du Dummkopf?«

Der Junge blickte auf. »Ich?« fragte er ungläubig.
»He, wer denn sonst«, knurrte der Alte, »groß genug bist du ja.«
Der Junge zog die Schuhe unter dem Bett hervor, wickelte ein Tuch um den Hals und nahm die Hakenstange vom Türpfosten.
So kam es, daß der Rotschopf die Laternen anzündete. Den Stab trug er auf der Schulter, wie Humpeljohann dies sonst tat. Auch das Zauberwort mußte jener ihm anvertraut haben, denn es gelang ihm ohne Mühe, die Flämmchen zu entfachen. Die Lampen gehorchten ihm. Eine nach der anderen blitzte auf, die vor dem Backhaus, die vor der Schule und dann die neun anderen im Dorf.
Dies alles wunderte mich sehr, und ich verstand die Jungen aus der Nachbarschaft nicht, die schon am zweiten Abend hinter dem neuen Laternenanzünder herhüpften wie ein Schwarm Krähen. »Rotschopf!« riefen sie, und als ich versuchte, sie zurückzuhalten, lachten sie mich aus. Und am dritten Abend brachte der Schmiedesohn, wir nannten ihn Holle, ebenfalls eine Hakenstange mit.
Was tat Holle? Er folgte dem Rotschopf, und sobald dieser um die nächste Ecke verschwunden war, hob er die Stange zum Licht, sagte das Zauberwort, und die Flamme erlosch. So ging es bei jeder Laterne. Als der Rotschopf seinen Rundgang beendet hatte, lag das Dorf wieder im Dunkeln wie zuvor. Nur die letzte Laterne brannte noch. Und unter dieser Laterne stand der Rotschopf nun wie ein Gefangener. Erschreckt sah er aus und kläglich. Wir sahen, wie er sich über das Gesicht wischte. Er weinte, wahrhaftig.
Holle lachte, wir anderen stimmten ein, auch ich. Es rührte uns nicht, als sich bald wegen der Finsternis der Gassen zornige Stimmen erhoben. Unbekümmert wiederholten wir

das Spiel, doch zähmten wir uns wenigstens so weit, daß Holle nicht mehr sämtliche Dorflaternen hinter dem Rotschopf auslöschte, sondern lediglich die Laterne vor Humpeljohanns Haus.

Immer nämlich, wenn der Flammenschein erlosch, hörten wir die Stimme des Kranken aus der Kammer rufen: »He, das Licht ist aus!« Und so jämmerlich klang dieses Rufen, als käme es aus dem Grab. Danach wurde jedesmal die Tür aufgestoßen, der Rotschopf stürzte mit der Stange hervor und brannte das Licht wieder an im Gehäuse. Dann blickte er sich scheu um, manchmal auch trotzig, doch wir hatten längst hinter dem Gartenzaun ein Versteck gefunden.

Dort hockten wir auch an einem schneedunklen Abend, kurz vor Weihnachten. Alles ringsum blieb still, nur die Stimme des Kranken war zu hören. »Franz«, jammerte er, »wach doch auf, Franz!«

Wir schlichen näher heran und lauschten. Hatte der Alte »Franz« gesagt?

»Ich sterbe«, hörten wir ihn wimmern, »wenn du nicht aufwachst, Franz. Wie oft soll ich es dir sagen. Es ist dunkel draußen, hörst du? Das verdammte Licht! Soll ich denn wirklich –«

»Nein, nicht sterben, Vater –«, kam plötzlich die Stimme des Jungen aus der anderen Ecke des Zimmers, »ich geh ja schon.« Zittrig war sie, die Stimme des Jungen. Wir hörten, wie er vom Lager hochsprang.

»He, komm her«, ächzte der Alte, »hier ans Bett, ganz nahe – so, und nun sag das nochmal, Franz –«

»Was denn? Was soll ich sagen?« stotterte der Junge.

»Das Wort – das du eben – wie war das, Franz?«

»Nicht sterben, Vater –«, wiederholte Franz kleinlaut und kriegte den Hakenstab zu fassen.

Wir stoben zurück in unser Versteck. Die Tür knarrte. Franz trat mit der Stange heraus. Er ging zur Laterne und zündete das Licht an.
Vom Zaun her schallte Gelächter. Dort standen wir, hinter die Schneewehe geduckt. Es war kalt, wir würden den Spaß heute nicht oft wiederholen. Vielleicht war es uns auch schon leid, denn es hieß, es gehe Humpeljohann wirklich nicht gut, und wir waren Holles Aufforderung eigentlich nur gefolgt, weil er uns sonst Feiglinge genannt hätte.
Der Junge stand unbeweglich unter der Laterne. Warum ging er nicht wieder ins Haus? Wollte er etwa Wache halten?
»Rotschopf!« riefen wir im Chor und lachten. Holle hatte einen sauberen Plan. Heimlich wollten wir uns nach rückwärts entfernen, damit der Wächter am Lichtpfahl es nicht merkte. »Was meint ihr«, lachte Holle leise, »der steht dann morgen früh noch unter der Laterne.«
Wir nickten und schlichen am Zaun entlang in die Seitengasse. Holle kam als letzter. Er tippte den Finger an die Stirn. »Kalte Füße wird der kriegen, der Franz!«
Ich gestehe, daß ich mich schämte. Weil ich nun wirklich ein Feigling war. Noch im Traum sah ich den Rotschopf unter der Laterne stehen, die Stange im Arm, das Haar und die Schultern von Schnee überschüttet.

So fanden sie ihn denn auch, zwei Bauern, die sich mit einer Holzfuhre verspätet hatten. Sie sahen einen Flockenhügel im Schnee und sahen eine dunkle Stange ragen. »Nanu«, murmelte der eine, »sieht ja fast wie ein Mensch aus!«
Sie trugen ihn nicht gleich in die Kammer. Sie rieben die erstarrten Glieder mit Schnee ab, doch dem Jungen war nichts Ernsthaftes geschehen. »Zum Glück«, sagte der Doktor, »brannte die Laterne noch. Sonst hätte ihn keiner entdeckt.«
Auch Humpeljohann wurde noch einmal gesund. Ich sah ihn kurz nach Weihnachten wieder durch die Gassen stapfen. Als ich ihm zufällig nahe kam, nickte er mir zu. Hätte ich nicht ein schlechtes Gewissen gehabt, ich hätte sicherlich gewagt, ihn nach dem Zauberwort zu fragen. Und ich glaube fast, er hätte es mir gesagt.

In den dunklen Tagen

Haltet in den dunklen Tagen
euer Herz bereit!
Tannen werden Lichter tragen,
und die leuchten weit.

Leuchten in der Nächte Schweigen
und im kalten Wind.
Sterne werden sich bezeigen,
die noch ferne sind.

Schon erglüht ein heimlich Gleißen
in der Mitternacht.
Denn ein Kind ist uns verheißen,
das uns fröhlich macht.

Und die Himmel werden ragen
über alle Zeit.
Haltet in den dunklen Tagen
euer Herz bereit!

Es geht ein heimlich Funkeln

Es geht ein heimlich Funkeln
durch alle Welt verhüllt.
Es steht ein Stern im Dunkeln,
die Zeit ist nun erfüllt.

Die Weisen in den Winden
sind aller Fragen satt.
Der Engel soll sie finden,
der gute Botschaft hat.

Die Hirten in den Flocken
haben nicht Haus noch Licht.
Bald wird ein Wort frohlocken,
das heißt: Fürchtet euch nicht!

Ein Kindlein wird geboren
im Stall bei Ochs und Stier.
Die Welt ist nicht verloren:
Das Himmelreich ist hier.

Eselgeschichte

Unsere Sonntagsschullehrerin, Fräulein Kiehn, eine energische und furchtlose Person, pflegte zu sagen: auch die Kreatur sehne sich immer neu nach der Botschaft des Engels, seit sie an der Krippe von Bethlehem gestanden. Daß dies wahr ist, zeigt die Geschichte von dem Esel, der einem Mann gehörte, den wir den »heiligen Joseph« nannten, obschon wir wußten, daß er diesen Beinamen keineswegs verdiente. Er hatte allerdings einen respektablen grauen Bart, und da er außerdem Tischler von Beruf war, so fiel es uns nicht schwer, den Fremden alljährlich neu in den Ziehvater des Herrn zu verwandeln, zumal er um die Zeit des Weihnachtsmarktes regelmäßig und pünktlich in unserem Städtchen eintraf.
Er ging, damals schon gebückt, an der Seite des Wägelchens, das mit einer moosgrünen Plane gedeckt war. Darunter befanden sich großartige Dinge: Schlitten, Christbaumständer und allerlei derbes Kinderspielzeug wie Bauernhäuser, Kutschpferde, vierkantige Eisenbahnen und Holztiere, alles in der eigenen Werkstatt angefertigt; dazu auch nützliche Gegenstände: Fußbänke, Stiefelknechte, Wäscheklammern, doch diese lockten uns weniger.
Josephs Frau, die auf der anderen Seite des Gefährts hochgeschürzt, in plumpen Wasserstiefeln daherschritt, hatte ein grobes, knochiges Gesicht und eine rote Nase, und man wußte, daß sie gern Schnaps trank.
Die beiden Eheleute vertrugen sich wohl überhaupt nicht besonders, sonst wären sie doch auf der gleichen Seite des Wagens gegangen. Oder hatten sie irgendeinen Kummer, der sie so wortkarg machte? Jedenfalls war der Esel für uns Kinder

eine aufregende Erscheinung. Stets, wenn er den hölzernen Kramladen vom Steinforst heraufzog, umringten wir ihn mit Geschrei, und der Fuhrmann ließ es mürrisch geschehen, vielleicht in der Hoffnung, unsere Anteilnahme möchte sich günstig auf die Kauflust auswirken. Der Esel selbst hatte nichts gegen das Geleit. Er hob den Kopf und begrüßte uns mit einer jener schrillen Laute, die, komisch und unheimlich zugleich, uns jedesmal von neuem erschreckten.

In dem Jahr nun, als die Sache mit Fräulein Kiehn geschah, kam uns der Esel merkwürdig verändert vor. Gewiß, er war noch nie ein besonders schöner Esel gewesen. Um das zu sein, hätte er die häßlichen Schorfstellen an den Beinen nicht haben dürfen. Auch hing das linke Ohr herab, und da die Ohren bekanntlich eine Zierde der Esel sind, betrübte uns der Anblick des vernachlässigten Tieres sehr. Und was uns besonders auffiel: der Esel trug die purpurfarbene Decke nicht, die, mit Goldfäden durchwirkt und mit silbernen Glöckchen behängt, ihm sonst ein stattliches, weihnachtliches Ansehen verliehen hatte. Nackt kam er daher, vom Regen durchnäßt, und das Fell, das überall kahle Flecken aufwies, war rauh und struppig. Uns schien es fast, als schäme sich der Esel, denn er ließ sogleich nach dem Begrüßungsschrei den Kopf hängen und trottete mit steifen Beinen trübselig neben uns her.

Der Verkaufsstand des Tischlers wurde wie alljährlich an der äußersten Ecke des Marktplatzes aus einem Lattengestell und verblichenem Zeltstoff errichtet. Da der heilige Joseph aus einem benachbarten Dorf stammte und jeden Abend mit der Fuhre dorthin zurückkehrte, brachte er den Esel tagsüber in einem offenen Verschlag unter, den der Fleischermeister Linz, der mit der heiligen Familie verschwägert war, unentgeltlich hergab.

Da stand der Esel also, eingepfercht wie zum Schlachten,

dem Wetter ausgesetzt, mit hängendem Kopf und hängenden Ohren. Niemand wußte, ob er überhaupt etwas zu fressen bekam.
Der Tischler, den das nicht zu kümmern schien, blickte grämlich unter der Plane hervor. Wohl hatte er das bunte Spielzeug verlockend aufgebaut, doch bei der Kundschaft wollte keine weihnachtliche Stimmung aufkommen. Man öffnete die Regenschirme und spazierte unlustig durch die Zeltgassen. Es nützte den Budeninhabern nichts, wenn sie bei einbrechender Dunkelheit die gelben, schwelenden Lämpchen anzündeten. Wer griff schon bei diesem Wetter nach einem Schlitten oder nach einem Pappkarton voll glitzernder Glaskugeln? Selbst der Fischbrötchenmann und der Würstchenverkäufer fühlten sich betrogen und machten verkniffene Gesichter.
Ich weiß nicht genau, ob es Fräulein Kiehn war, die das schlechte Wetter mit dem Esel des Tischlers in Zusammenhang brachte; zuzutrauen wäre es ihr. Sie soll nämlich gesagt haben, man brauche sich über eine solche Gottesstrafe nicht zu wundern, solange man der stummen Kreatur nicht Gerechtigkeit widerfahren lasse. Wie konnte es Weihnachten werden, wenn selbst der heilige Joseph seine Fürsorgepflicht vergaß? Nicht mal ein Stück Zeltstoff hatte er über den Verschlag gedeckt! Die Alte freilich, die saß, in wollene Tücher gehüllt, wohlverwahrt hinter dem Spielzeugberg und hatte guten Grund, der inneren Wärme halber zur Flasche zu greifen, öfter, als dies dem ehelichen Frieden dienlich war, denn meist, wenn wir an der Bude vorüberkamen, hörten wir halblaute Scheltworte, und der Bart des heiligen Joseph hing von Tag zu Tag trübseliger herab.
Wer wollte es uns verübeln, daß wir auf Abhilfe sannen? Es ging uns ja nicht allein um den Esel, nein, in unseren von

Fräulein Kiehn entflammten Herzen meinten wir, auch das Christfest wäre in Gefahr und wir müßten etwas tun, damit Gott bei seinem Plan, die Welt zu retten, beharren könne. Kurz und gut, wir beschlossen, den Esel aus seinem Käfig zu befreien. Mein Freund Willi Rost stellte, da drei Tage zuvor die Kuh bei ihnen hatte geschlachtet werden müssen, den leeren Stall zur Verfügung. Dorthin sollte der Esel gebracht werden.

Soweit schien alles in Ordnung; es fehlte uns nur der Schlüssel zum Verschlag. Wir wußten, daß er an einem Holzbrett im Inneren der Bude hing, dicht neben der rotnäsigen Alten. Deshalb hatte ich aus dem Vorrat meiner Mutter eine Flasche mit Rum besorgt. Es war eine handgroße, bauchige Flasche, und es traf sich gut, daß der Tischler neben dem Zelteingang mit einem Schaufelstiel beschäftigt war. Gelbe, ringelige Späne lagen vor ihm in der Pfütze. Ich grüßte. Er blickte kaum auf.

»Schlechtes Wetter«, sagte ich. Dann brachte ich mein Anliegen vor. Ob ich einen Karton Holzwolle bekommen könne. Der heilige Joseph mochte einen besseren Kunden erwartet haben. Er zeigte mit dem Schaufelstiel auf das Innere der Bude, wo das Öllämpchen brannte.

Die Tischlersfrau starrte mich böse an. »Was willst du?«

Ich zeigte auf die Holzwolle und zog gleichzeitig die Flasche aus dem Mantel.

»Komm näher«, krächzte die Alte. Sie nahm den Korken von der Flasche und hielt die Öffnung unter die Nase.

Ich hatte inzwischen nach dem Schlüssel gespäht. Er hing neben der Zeltplane, die den Ausgang gegen den Regen abschirmte. Die Alte zog einen Karton Holzwolle unter dem Tisch hervor. »Da hast du. Und mach, daß du fortkommst.«

Ich nahm die Holzwolle und stieß dabei wie von ungefähr an

eine buntbemalte Eisenbahn, die aus der Höhe des Spielzeugbergs herabkollerte.
»Tölpel«, brummte die Tischlersfrau, die sich ächzend bückte. Ich griff nach dem Schlüssel und verschwand.
Der heilige Joseph musterte mich mißtrauisch. Die Axt hing schwer in seiner Faust. »Will es nicht endlich schneien?« fragte er.
»Ja, bald«, sagte ich.
Nun also, die Sache glückte. Der Esel starrte uns zwar verdutzt an, als wir den Kälberverschlag öffneten. Womöglich war es ihm nicht recht, daß die Rettung auf so heimliche Art geschah; immerhin schüttelte er das nasse Fell und stampfte ein paarmal wie zur Begrüßung.
»Komm«, sagte Willi Rost.
Der Esel folgte. Doch als er merkte, daß wir ihn in einer anderen als der gewohnten Richtung führten, blieb er mit gespreizten Beinen stehen und senkte den Kopf.
Darauf waren wir nicht gefaßt. Hätten wir dem Esel wenigstens sagen können, wieviel Gutes ihn erwartete! Eine gefüllte Krippe! ein warmer, trockener Stall! und Decken, soviel er wollte!
»Geh schon, Grauer«, sagte Willi Rost. Er tätschelte den struppigen Hals. Er kraulte den Esel hinter den Ohren. Nichts half.
»Vielleicht muß man ihn stoßen«, sagte Arno Schmidt. »Oder in den Schwanz kneifen.«
Mit einem Esel, der seinen eigenen Vorteil nicht erkennen wollte, hatte keiner gerechnet. Die Sache war außerdem nicht gefahrlos. Jeden Augenblick konnte irgendein Mensch in der Zeltgasse auftauchen oder gar der Schutzmann Bolle, der um diese Zeit gewöhnlich seinen Rundgang über den Weihnachtsmarkt machte.

Ich weiß nun nicht, wer sich am Schwanz des Esels vergriff. Jedenfalls muß dies ziemlich derb geschehen sein – das Tier stieß plötzlich einen gellenden Schrei aus, schlug mit den Hinterhufen in die Luft, und noch ehe Willi Rost den Halfter wieder fassen konnte, fegte der Esel mit großen Sprüngen in die Dunkelheit davon.
Willi Rost betrachtete seine leeren Hände. »Dummer Esel«, sagte er. So standen wir eine Weile.
Ich erschrak. War da nicht ein gedämpfter Tumult in den Zeltgassen? Womöglich hatte man den leeren Verschlag schon entdeckt? Vorsichtig, im Schatten der Zeltwände, schlich ich näher.
Da standen sie, die Lebkuchen- und Lamettamänner, der Spitzhut mit den gebrannten Mandeln, der Pfefferkuchenmaxe, der Leckerleckerhoni, die Puppenfrau, der Christbaumverkäufer, der auf einem Auge blind war und den wir deshalb für einen Wilddieb hielten. Selbst der Fischbrötchenmann und der Würstchenhändler kamen heran, obwohl sie sich nicht zu den fahrenden Leuten rechneten, denn sie stammten aus dem Ort. Deshalb waren sie auch imstande, Vermutungen über den Fluchtweg des Esels anzustellen.
»Dorthin«, sagte der eine, indem er die fettigen Finger an der Schürze abwischte.
»Nee, hinten rum«, meinte der andere.
In der Mitte des Zusammenlaufs stand der Tischler. Er war nicht mal erbost, nein, nur traurig. Der Schein einer Lampe fiel in sein hageres Gesicht. Stumm stand er da, die Hände über dem Schaufelstiel gefaltet. Womöglich dachte er daran, daß er heute nicht nach Hause fahren konnte. Oder grämte es ihn, daß das Tier ihn verlassen hatte? War er ihm etwa gar lieb geworden, der alte, zottige, steifbeinige Esel?
Gerade wollte ich heimlich davon, als etwas Unerwartetes ge-

schah. Der heilige Joseph hob den Kopf. Er wischte mit der Hand über seine feuchten Backen, und es kam mir vor, als lächle er. Verwundert deutete er aufwärts in das Dunkel.
Die Kerle neben ihm blinzelten gleichfalls nach oben. Ich sah ihre schwarzen Nasenlöcher, die Stoppeln am Kinn, die nackten, faltigen Hälse. Doch da war noch etwas anderes, etwas Weißes, Leichtes, Federiges – Schneeflocken, wahrhaftig! Sie sprenkelten die Hüte und Schultern der Männer und zerflossen. Haltbar war er nicht, dieser nasse, großflockige Schnee, doch er sah so schön und verheißungsvoll aus, daß wir alle wohl für einen Augenblick vergaßen, weshalb wir hier standen.
Dann fiel mir ein, daß der Esel dem Wetter nun erst recht schutzlos ausgesetzt war. Auch dem Tischler schien ein solcher Gedanke zu kommen. Ich sah, wie er sich umwendete, eine Laterne vom Haken nahm und mit hastigen Schritten der Richtung nachging, die der Fischbrötchenmann ihm gezeigt hatte. Der Weg führte zwischen den Häusern durch, an den Zäunen entlang ins offene Feld. Das Licht der Laterne wurde kleiner und kleiner. Die Zurückbleibenden steckten die Köpfe zusammen. Einige lachten, dann gingen sie achselzuckend auseinander.
Auch ich ging nach Hause. Das Abendbrot schmeckte mir nicht. Bedrückt schielte ich zum Ofen und sah die Feuerkringel auf den Dielenbrettern tanzen. »Es wird kalt«, sagte die Mutter.
Während ich das dicke Federbett bis an die Ohren heraufzog, dachte ich an den Esel, der jetzt irgendwo draußen im Schnee stand, im nassen, windigen Geflock. Ich sah ihn, wie er schrie, mit aufgerecktem Hals und zitternden Gliedern. Er trug einen weißen Kopfputz und eine weiße Decke, doch beides war kalt, viel kälter, als die Mutter es vorausgesagt

hatte. Ich seufzte. Ich wälzte mich von einer Seite auf die andere. Ich wußte ja nicht, daß die Rettung, während ich träumte, bereits unterwegs war.
Fräulein Kiehn, die Sonntagsschullehrerin, kam nämlich aus dem Nachbardorf, wo sie eine Verwandte besucht hatte. Plötzlich habe sie, so erzählte sie später, im Schneetreiben nahe vor der Stadt einen Schrei gehört. Sie sei zu Tode erschrocken, habe aber den Mut gefaßt und sei, mit Stock und Laterne, dazu mit einem Stoßgebet auf den Lippen, querfeldein auf den gespenstischen Schreier losgegangen. Bald sah sie, wen sie vor sich hatte, und da Fräulein Kiehn, wie gesagt, eine energische und furchtlose Person war, zögerte sie nicht lange. Sie klemmte den Stock unter den linken Arm, trat Schritt für Schritt näher und faßte vorsichtig, aber rasch zu. Dem heiligen Joseph mag sie fast wie ein Engel erschienen sein, als sie, den Esel am Halfter, vor ihm in der Finsternis auftauchte. »Da haben Sie ihn wieder«, sagte sie. Kein Wort sonst, denn sie war eine schweigsame Natur, so daß es uns manchmal schwerfiel, den Sinn der biblischen Geschichten, die sie erzählte, zu verstehen. Kurze Sprüche schätzte sie besonders; noch öfter sagte sie gar nichts. Sie sang dann nur, sie hatte trotz ihrer weißen Haare eine angenehme, kräftige Stimme. Und ins Gesangbuch blickte sie nie, denn sie wußte alle Strophen auswendig.
Es wunderte uns also nicht, daß Fräulein Kiehn am nächsten Tag, es war der vierte Advent, uns das Lied »Dein König kommt in niedern Hüllen« anstimmen ließ; wie man weiß, ist darin von der lastbaren Eselin die Rede.
»Schluß«, sagte sie nach der dritten Strophe. Sie drehte sich um und brachte einen Wäschekorb zum Vorschein. Darin waren Stoffreste, eine ganze Menge, und alles wirr durcheinander.

Was hatte Fräulein Kiehn vor? Sie bückte sich über den Korb, sie kam auf uns zu und drückte jedem ein Stück Stoff in die Hand, mir ein blaues, Willi Rost ein grünes und den übrigen noch andere Farben. Viereckige Stücke waren es, alle gleich groß und sauber geschnitten. Merkwürdig nur, daß sie bloß an uns Jungen zu denken schien. Die Mädchen machten lange Hälse, trotzdem bekamen sie kein einziges Stück Stoff ab.

Noch seltsamer wurde die Sache, als Fräulein Kiehn Nadel und Faden auszuteilen begann, jedem Jungen eine Nadel und ein langes Stück Wollgarn. Die Mädchen fingen an zu kichern.

»Einfädeln«, sagte Fräulein Kiehn.

Wir taten, wie sie befahl. Dabei kriegten wir rote Köpfe.

»Nun nähen wir«, sagte Fräulein Kiehn. Sie zeigte, wie sie es meinte.

»Dürfen wir helfen?« fragten die Mädchen.

Nein, sie durften nicht. Lachen durften sie auch nicht. Nur singen. Alle Adventslieder, die sie kannten.

Wir Jungen umnähten indessen den Stoff mit dickem Garn. Danach setzten wir die einzelnen Stücke aneinander, so daß es lange Streifen gab, und die Streifen wurden ebenfalls zusammengenäht. Arno Schmidt stach sich dabei in den Finger, er blutete.

»Macht nix«, sagte Fräulein Kiehn.

Zuletzt entstand eine große Decke, schön bunt, sicherlich auch warm, und Fräulein Kiehn ging wieder zum Korb und holte ein Dutzend silberner Glöckchen daraus hervor. Die befestigten wir an den Längsseiten der Decke, rechts sechs Glöckchen und links ebenfalls sechs.

Das Fräulein war recht aufgeräumt an jenem Tag. Sie hielt uns sogar eine Rede, natürlich keine lange Rede, doch für

Fräulein Kiehn überraschend genug. Sie verriet uns nämlich, was der Esel, als sie ihn fand, zu ihr gesagt hatte.
Dumme Kinder, hatte der Esel gesagt, sie wollen mich den beiden Alten wegnehmen, wo die Tischlersleute doch niemanden besitzen als mich. Kann man ihnen böse sein, wenn sie nicht genug für mich sorgen? Früher war das nicht so. Doch jetzt sind ihre Gedanken weit fort, denn sie hatten früher mal einen Sohn im Haus, und man hat ihnen geschrieben, daß dieser, ihr Sohn, verschollen ist, irgendwo in einem fremden Hafen. Deshalb haben sie vergessen, daß ich eine Decke brauche. Und die Frau hat das Trinken angefangen. Und manchmal bekomme ich sogar Stockschläge. Aber ich weiß, daß die Frau noch trauriger wäre, wenn sie mich ebenfalls verlöre. Deshalb bringen Sie mich rasch zurück, Fräulein Kiehn, und sagen Sie den Jungen, daß ich wohl gern in Rosts warmem Stall gewohnt hätte, aber es ist nicht möglich, das müssen die Jungen einsehen. Ich bleibe bei den Tischlersleuten. Vielleicht wird es mit ihnen mal wieder besser.
»Und nun dürft ihr die Decke hinübertragen«, sagte Fräulein Kiehn.
So wurde es denn auch. Vom Tor der Sonntagsschule bewegte sich die Prozession an den Zäunen entlang zum Weihnachtsmarkt. Wir hielten die Decke ausgebreitet, damit man die Farben sehen konnte. Ab und zu ließen wir die Glöckchen klingeln, und die Gesichter der Leute, die rechts und links auf dem Bürgersteig standen, waren nicht mal unfreundlich. Zudem wehte ein scharfer Wind, der Schnee war fest geworden. Mit blauen Nasen langten wir bei dem heiligen Joseph an.
Er lächelte, als er uns kommen sah. Auch als ich eine kurze eingelernte Entschuldigung vorbrachte, wich das Lächeln nicht aus seinem Gesicht.

»Dort steht er«, sagte der heilige Joseph und zeigte auf den Kälberverschlag. »Wo der Schlüssel hängt, weißt du ja.«
Ich wendete mich um. Da saß die Alte, die mich feindselig anblickte. Doch wurde sie gleich darauf von mehreren Käufern in Anspruch genommen, die nach Schlitten fragten. Jawohl, der Schneewinter war nun endlich da.
Während wir dem Esel die kostbare warme Decke überwarfen, wehten dünne Flocken durch die Luft, und das Volk aus der Zeltgasse versammelte sich um die Hütte des Tischlers, so daß der Lebkuchenmann ärgerlich sagte: »Soviel Geschrei um einen Esel!« Aber wir waren gar nicht laut, und wir drückten uns rasch auf die Seite.
Die Leute ringsum lachten und ließen dem Tischler, um ihm eine Freude zu machen, mancherlei zukommen. Noch nie soll er ein so gutes Weihnachtsgeschäft gehabt haben. Als der letzte Abend kam, fuhr das Wägelchen leer und leicht durch den Steinforst in die Schneedunkelheit fort. Diesmal gingen sie beide, so wird glaubhaft berichtet, zur Linken des Gefährts, der Mann und die Frau, und das ist gewiß mehr, als ein paar Jungen, ein altes Fräulein und ein Esel zustande bringen können.

Schnee ist über uns gefallen

Schnee ist über uns gefallen,
und die Winde werden still.
Aber in den Flocken allen
loht ein Licht, das kommen will.

Brennt am Himmel wie auf Erden,
und kein Auge wartet blind.
Alle Menschen sollen werden
heller, als die Sterne sind.

Sterne wissen schon die Stunde,
da erneuert sich die Welt,
wenn das Wort aus Engelmunde
hallend in die Tiefe fällt.

Singet Lob, ihr Menschenbrüder,
in des Winters dunklem Bann,
daß die frohe Botschaft wieder
unsre Herzen finden kann.

Aktion Weihnachten

Ich soll das nun mal aufschreiben. Die Kumpels der Gruppe haben mich dazu verdonnert. Weil ich alles gewußt habe. Und sie haben nichts gewußt. Und mein Alter auch nicht. Er ist ja gleich zur Kur weg, zwei Tage, nachdem die Jungens ihn angestänkert haben. Krank war er nämlich schon immer. Auch, als er noch im Alu-Werk arbeitete. »Dieser verdammte Husten«, hat er gesagt, »ich glaube, ich vertrage den Fabrikstaub nicht.« So was hörten wir von ihm alle Tage.
Vier Kinder sind wir, Familie Kleinschmidt, Mauerstraße 9, Hintergebäude. Das Hintergebäude ist mal ein Stall gewesen, sagt der Besitzer, Herr Winkelmann, und er hat eine Menge Geld reingesteckt, um eine Wohnung daraus zu machen. Deshalb muß er auch pünktlich die Miete haben. Na, Geld ist bei Winkelmann sowieso vorhanden, der mit seinem Speditionsgeschäft. Hat sogar noch zwei Pferde, sie stehen nebenan. Und wenn ich gerade nichts zu tun habe, bin ich am liebsten bei Haferpaule, das ist der Kutscher. Eigentlich heißt er anders, doch er sagt immer: »Hafer, mein Lieber, Hafer ist die Hauptsache.« Deswegen nennen wir ihn Haferpaule. Und er striegelt die Pferde, so oft er kann. Rund und glänzend sehen sie aus, mit ihren gekämmten Mähnen und den blanken Geschirren. Kriegen das beste Futter und können sich sattfressen.
Zugegeben, wir haben auch nicht gerade zu hungern brauchen. Solange Vater im Alu-Werk war, ging es sogar recht gut. »Was meinst du, Jan«, hat Vater manchmal gesagt, »ob wir es schaffen?« Ich wünschte mir nämlich zu Weihnachten eine Gitarre, und Vater blinzelte mir zu, als wüßte er, daß er

die Moneten zusammenkriegt. An ein Auto für die Familie war natürlich nicht zu denken. Immerhin, es kam vor, daß Vater von einem Gebrauchtwagen redete, den er irgendwo gesehen hatte. »Weißt du«, sagte er da, »so ein knalliges Rot, prima Lack, keine einzige Roststelle. Ich habe das Ding genau betrachtet, man wäre gut bedient mit dem Kasten.« Aber dann fing er wieder an zu husten. Und ich merkte, daß Mutter eine Falte zwischen den Augenbrauen hatte. War mir früher gar nicht aufgefallen. Auch nicht, daß Mutter sich mitunter, wenn sie glaubte, das sähe niemand, die Augen wischte. Und dann war plötzlich Sense mit dem Alu-Werk. Nee, nicht wegen dem Husten. Der Betrieb wurde umorganisiert. Man brauchte einfach weniger Leute. Dafür stellte man neue Maschinen auf. Und Vater sagte, er hätte genau die falsche Arbeit gehabt. Dabei lachte er, aber ich merkte, daß es nicht das richtige Lachen war. »Werde schon wieder Arbeit finden«, sagte er. Zuerst sah es auch so aus. Das Alu-Werk versuchte, die Leute unterzubringen. Bei einer Schwesterfirma, wie das so schön heißt. Doch Vater kam ohne Vertrag nach Hause. Vielleicht hat er gerade husten müssen, als er die Papiere vorzeigte. Dabei war fast schon erster Advent. Mutter hängte den Kranz über den Tisch und steckte Kerzen auf.
Damals war ich oft unterwegs. »Was treibst du bloß, Junge?« fragte Vater, der den ganzen Tag Adressen schrieb, für irgend so'n blödes Büro. Ein Bekannter hatte ihm den Job besorgt, weil wir noch Raten für den Fernseher bezahlen müssen. Doch Vater sagte, die Hand werde ihm lahm. Manchmal wurde er auch wütend und warf einen Packen Briefumschläge in die Ecke. Mutter hob den Packen wieder auf und sagte den Mädchen, sie sollten Schlittschuh laufen.
Ich habe nämlich drei Schwestern, aber von denen brauche ich nicht viel zu berichten. Sie wußten einfach nicht, was los

war. Sabine, die kleinste, schrieb sogar einen Wunschzettel. Die beiden anderen merkten allmählich, daß in diesem Jahr nicht viel zu holen war. Trotzdem hatten sie ihren Spaß. Sie packten das alte Spielzeug aus und zankten sich, bis die Mutter sie wegschickte, denn Vater sollte Ruhe haben. Mich brauchte sie nicht wegzuschicken, ich ging von allein.
Wir hatten gerade die Gruppe aufgemacht, und wenn ich auch einer der Jüngsten war, so gab es doch allerlei, wozu man mich brauchen konnte. Immerhin war ich schon einsvierundsiebzig groß, in der Schule sang ich Baß, und die Haare hatte ich mir bis auf die Schultern wachsen lassen.
Die Gruppe, das waren ungefähr zehn Jungen, wenn ich mich selber mitrechne. Eigentlich bestand sie schon eine Weile, wir trafen uns zweimal die Woche, mitunter auch täglich, und redeten über alles, was es so gab. Vielleicht wollten wir mal eine Band aufmachen, Bernd Engelke bläst prima Trompete. Er macht bald Abitur und sagt, wir sollten uns nicht so viel gefallen lassen. Da wird dann diskutiert, und ich wundere mich oft, wie viele verdammt gute Meinungen es gibt. Fängt einer an, so denkt man: der hat recht, hätte ich auch so gesagt. Dann kommt der andere: nanu, denkt man, ist ebenfalls nicht übel, könnte man auch für richtig halten. Und so geht das weiter, bis Bernd Engelke die Uhr aus der Tasche zieht, eine vergoldete Uhr, noch von seinem Vater, an einer langen Lederkordel. »Wir müssen Schluß machen, Kumpels«, sagt er und vergißt nicht, uns noch gebührend anzuspitzen. »Hört nicht auf das, was die Alten sagen! Nehmt nicht einfach alles hin, legt euch mal quer«, na und so weiter. Ich denke manchmal, Bernd Engelke hat gut reden. Sein Vater, der Postbeamter war, ist vor zwei Jahren gestorben, die Mutter arbeitet als Pflegerin im Krankenhaus, Geschwister hat er keine, Bernd Engelke kann machen, was er will, nie-

mand redet ihm dazwischen. Klasse, ja, das ist er, hat ein Bord voller Bücher, sammelt Poster und Plakate, beklebt die Wände damit und hat sich zu Weihnachten ein Saxophon gewünscht. Muß er haben, sagt er, sonst geht die Band, die sie gründen wollen, schon vorher in die Binsen.
Mich können sie da gut brauchen, weil ich gesagt habe, ich kriege vielleicht eine Gitarre. Aber mit Diskutieren kann ich zu Hause nicht viel ausrichten. Wenn ich nämlich den Alten sehe, wie er am Tisch hockt und Adressen schreibt, weiß ich plötzlich nicht mehr, worüber ich Streit mit ihm anfangen soll. Muß jetzt sowieso die Pflöcke zurückstecken. Taschengeld gibt es keins. Die Mutter sagt, es täte ihr leid, aber ich sähe doch, wie die Aktien stünden. Jawohl, das sehe ich, und ich sehe auch, daß die Falte über ihrer Nase tiefer geworden ist. Und Haferpaule sagt, man muß Hochachtung haben, wie sie sich durchschlägt mit der Familie. Denn das meiste, sagt er, bleibt doch an der Frau hängen.
Und nun ist noch mehr an ihr hängengeblieben. Der Alte ist zur Kur weg, und er schreibt, es könne ein paar Wochen dauern. Er schreibt aber nie, daß es ihm schlecht geht und daß er sich über die Stänkerei der Gruppe geärgert hat, nämlich als er den Weihnachtsmann vor dem Kaufhof machte. Im Gegenteil, er schreibt, er könne so was gut verstehen, und wenn er nicht gerade auf dem trockenen gesessen hätte, wäre der Job für ihn nicht in Frage gekommen. Aber was sollte er anfangen? Dieses blöde Adressenschreiben, da wurde man ja rammdösig dabei. Weihnachtsmann, na ja, war auch nicht ideal. Bei Wind und Wetter vorm Kaufhof stehen und den Müttern mit ihren Kindern einreden, ein Foto machen zu lassen zur Erinnerung – das war saudumm genug. Klar, das Atelier im Kaufhof hat die Umsätze verdoppelt, und überhaupt, der Weihnachtsmann gehörte nun einmal zum Geschäft wie

die Musikanlage, die auf Stereo ununterbrochen Weihnachtslieder dudelte: Odufröhliche oder Stillenacht oder Ihrkinderleinkommet, man weiß doch, was die Leute hören wollen. Also, meine Bedenken hatte ich schon, doch erschrak ich ein bißchen, als Bernd Engelke in der Gruppe anfing, gegen den Weihnachtsrummel zu schießen. »Nicht mit anzusehen«, sagte er, »was die Geschäftsbonzen aus dem Fest gemacht haben und wie man den Leuten die Groschen aus der Tasche zieht. Dabei merken es diese Doofköppe nicht mal, daß man sie manipuliert.«

Ich habe ihn damals gefragt, was das sei, manipulieren, denn man will schließlich wissen, wofür man sich einsetzt. Ich gebe zu, das war ungeschickt, und die Kumpels haben mich ausgelacht, besonders Sheriff Schulte, der sowieso ein Angeber ist, der mit seinem Bart und der silbernen Halskette und jede Woche eine andere Freundin. »Bubi«, hat er gerufen und mir eine Zigarette angeboten, großspurig über den Tisch. Alle kicherten, nur Bernd Engelke ist gegen ihn an. »Was soll der Quatsch«, hat er gesagt und hat mir die Sache mit ein paar Worten klargelegt. Rummel, hat er gesagt, Konsumterror, üble Reklamemethoden – dagegen sollte man schon was tun. Eine richtige Aktion sollte man starten, und er hatte auch gleich einen Namen dafür: »Aktion Weihnachten«.

Das klang gut, glaube ich. Wer wollte, konnte sich etwas darunter vorstellen. Jedenfalls fiel es keinem ein, mich noch »Bubi« zu nennen, denn ich hatte einen Onkel, der besaß eine Druckerei, für Geschäftsanzeigen und so. Er machte das alles selbst, aber ich habe ihm öfter dabei geholfen, und jetzt sagte ich, der könnte uns vielleicht die Flugblätter billig liefern.

Martin Wildhagen, der neben mir saß, klopfe mich auf den

Rücken. Selbst Bernd Engelke blickte mich überrascht an. Flugblätter! Daran hatte noch niemand gedacht. »Aber du hast recht«, sagte Bernd, »zu einer Aktion gehören Flugblätter. Wie will man sonst an die Leute rankommen?«

Plötzlich wußten alle, wozu die Gruppe da war. Man plante und plante, man bekam heiße Köpfe, und Heiner Lutze, der immer verdammt ausgefallene Ideen hat, schlug vor, einer von uns müßte sich auf den Kirchturm schleichen und die Flugblätter von oben herabwirbeln lassen wie Schneeflokken. Doch Bernd Engelke wollte von so einem himmlischen Geriesel nichts wissen. Besser wäre es schon, sagte er, gleichzeitig eine Geldsammlung zu machen, um ein paar Alten die Kohlenrechnung zu bezahlen.

Das war, denke ich, alles ganz gut. Und im Anfang hatte man es überhaupt nicht auf die Weihnachtsmänner abgesehen. Es gab ja mehrere in der Stadt. Neben dem Rathaus stand zum Beispiel einer, der hatte einen Esel neben sich, mit einer roten, goldgestickten Satteldecke. Mit dem konnte der Alte natürlich nicht antreten. Immerhin, er trug einen dicken Pelzmantel, hatte hohe, pelzbesetzte Stiefel und einen weißen Bart. Das Gesicht färbte er braun, damit ihn nicht gleich jeder erkannte, denn die Kollegen aus dem Alu-Werk liefen ebenfalls in den Kaufhof. Natürlich nur solche, die den Arbeitsplatz nicht verloren hatten.

Mein Alter war ein bißchen empfindlich. Ist ja auch das erste Mal gewesen, daß er Weihnachtsmann mimte, und womöglich hat es ihn geniert, auf diese Art Geld zu verdienen. Oder hat ihn die Fopperei erst richtig krank gemacht? Na, er soll mal das alles lesen, was ich für ihn aufschreibe. Dann weiß er, was er von der Sache zu halten hat.

Fest steht, daß es Vater war, der die Flugblätter vor dem Kaufhof entdeckte. Er mußte dort ziemlich früh antreten, denn es

dauerte eine Weile, bis man ihn zurechtgemacht und kostümiert hatte. Ich selber ging noch früher weg als er. »Wir proben für das Weihnachtsspiel«, murmelte ich. Das war gelogen, aber was wollte ich machen. Hätte ich dem Alten gesagt, daß wir noch bei Dunkelheit erst mal durch die Stadt rannten, um die Flugblätter zu deponieren, besonders vor dem Kaufhof, er hätte mich ganz schön heruntergeputzt.
Übrigens, der Onkel hatte das Zeug wahrhaftig gedruckt, fast umsonst. »Für den guten Zweck«, sagte er. Nur das Papier mußten wir bezahlen. Und ich hatte meine Position in der Gruppe gewaltig verstärkt. Selbst Sheriff Schulte wagte nicht, sich über mich lustig zu machen. Die Aktion lief, und es hätte mir noch mehr Spaß gemacht, wenn nicht der Alte plötzlich in die Sache verwickelt worden wäre. Da stand nämlich auf dem Flugblatt auch etwas zu lesen gegen die Weihnachtsmänner, die sich für armseligen Lohn an die Geschäftemacher verkaufen, um den Rummel noch mehr anzuheizen. Ob mein Alter das überhaupt gelesen hat? Oder ob ihm bloß nicht gefiel, wie es da vor dem Kaufhof aussah, noch ehe er den Dienst antrat? Als hätte es Papier geschneit, so lagen die Blätter vor der Eingangstür und die lange Marktstraße hinunter bis zur Stiftskirche.
Wir hatten prima Arbeit gemacht, das muß ich schon sagen. Der Alte hat sicher eine Stunde gebraucht, das Zeug aufzusammeln. Und Sheriff Schulte hat ihn dabei beobachtet und hat gefragt, ob man das Papier nicht lieber liegenlassen sollte. Der Weihnachtsmann hat jedoch den Kopf geschüttelt und zu Schulte gesagt, er möge sich mal um seine Schularbeiten kümmern. Dann haben sie beide gelacht, und Sheriff Schulte hat gesagt, er will dem Weihnachtsmann helfen. Dabei hat er den Alten ganz hübsch hereingelegt. Denn kaum hat er den Packen Papier in der Hand gehabt und der Weih-

nachtsmann hat gesagt: »Gib her, ich will das Zeug zur Geschäftsleitung bringen«, da ist Schulte damit abgehauen. Einfach herumgedreht und los. Der Weihnachtsmann ist hinterhergerannt, aber nur ein paar Schritte. Denn er hat wieder husten müssen, und so stelle ich mir meinen Alten gar nicht gern vor.

Auch wie er dann zur Geschäftsleitung geht und die restlichen Flugblätter dort abliefert. »Nanu«, sagt der Geschäftsleiter, ein dicker Mann mit Brille, »was haben Sie denn da für eine himmlische Nachricht? Oder sind es Wunschzettel?« Vater zuckt die Achseln, er weiß nicht genau, was auf den Blättern steht, er will auch nur Meldung machen über den Vorfall, aber die warme Luft im Büro, die läßt ihn wieder mal gehörig husten. Der Geschäftsleiter tritt rasch näher und klopft dem Weihnachtsmann auf den Rücken, weil er glaubt, der hat sich verschluckt. »Aber, aber«, sagt der Geschäftsleiter, »Sie sind doch nicht krank, Herr Kleinschmidt?« Vielleicht überlegt er gerade, wer als Ersatz vorzuschlagen wäre, er geht zum Schrank, zieht den Karteikasten heraus, entnimmt ihm ein paar Formulare – da ist der Weihnachtsmann schon weg aus dem Büro, er vergißt, den Fahrstuhl zu benutzen, stolpert die Treppe hinab, hält sich am Geländer fest, hustet und ist froh, daß der Geschäftsleiter ihn nicht mehr hört.

Ob sich alles so zugetragen hat, weiß ich nicht. Aber Vater, wenn er das hier liest, wird schon im Bilde sein. Vielleicht ist es auch ganz anders gewesen.

Am Nachmittag kam die Gruppe jedenfalls zum Kaufhof. Ich ahnte natürlich nichts, denn Sheriff Schulte hatte gesagt: »Den Kleinen müssen wir aus dem Spiel lassen, sonst kriegt er Dresche von seinem Alten.« Wer den Plan ausgeheckt hat, weiß ich auch nicht, aber es war ein sauberer Plan. Sie stellten sich einfach hinter das Telefonhäuschen und sahen zu,

wie der Weihnachtsmann Bonbons an die Kinder verteilte. Dann trat plötzlich einer aus der Gruppe vor, gab dem Weihnachtsmann die Hand und sagte so laut, daß alle Umstehenden es hören konnten: »Guten Tag, Herr Kleinschmidt! Wie geht's? Was macht die Familie? Seit wann haben Sie so merkwürdige Klamotten an?«
Mein Vater muß ganz schön erschrocken sein. Er winkte ab und drehte sich zur Seite, doch da stand wieder so ein windiger Bursche, der ihm die Hand hinhielt und seinen Vers heruntersagte. »Halt die Klappe«, wird der Alte geantwortet haben. Er merkte, daß die Passanten aufmerksam wurden, und umsonst hatte er die braune Farbe ja nicht ins Gesicht gemalt. Brauchte doch niemand zu wissen, daß er der Herr Kleinschmidt war, wen interessierte das schon. Vielleicht hat er sogar einen Witz gemacht: »Irrtum, mein Lieber, ich heiße Weihnachtsmann, solltest du eigentlich wissen.« Doch die Kumpels sind gut eingedrillt gewesen, und sie haben gleich vorgeschlagen, sie wollten mit ihm diskutieren über den Job. Zuletzt hat der Alte keine andere Rettung gesehen als davonzulaufen, das heißt, er wollte in die Pandektengasse, wo es weniger Neugierige gibt. Doch noch ehe er die Pandektengasse erreichte, hatte die Gruppe ihn umringt, und der Alte wird hilflos von einem zum anderen gestarrt haben: zum Teufel, was hatte man mit ihm vor?
Jedenfalls, Vater hatte am nächsten Tag Fieber. Er telefonierte kurzerhand mit dem Kaufhof und sagte den Job ab. Als ich heimkam, sah ich, daß Mutter geweint hatte. Die Schwestern saßen in der Ecke und schaukelten die Puppen. Sie getrauten sich nicht zu singen. Schlittschuhlaufen ging auch nicht, weil es in einem fort schneite.
Und dann kam Bernd Engelke. »Nur mal reingucken«, sagte er und murmelte etwas von der Geldsammlung. »Geht nun

doch nicht«, sagte er, »wegen diesem blöden Amtsschimmel, jedenfalls nicht vor Weihnachten.« Ich denke, er wollte sich bloß mal bei uns umsehen. Habe ihm auch gesagt, daß auf die Gitarre nicht mehr zu hoffen ist, nee, das kann ich nicht verlangen, und wegen der Band sollen sie sich mal einen anderen suchen.

Er hörte mir genau zu, doch als Mutter ihm ein Glas Apfelsaft anbot, hatte er es eilig. An der Tür drehte er sich noch mal um: vielleicht wolle Vater morgen im Kaufhof wieder anfangen, falls es ihm besser ginge? Leider nein, sagte Mutter, der Arzt habe es verboten. Erst mal gründlich untersuchen, und dann zur Kur weg für ein paar Wochen. »Wir werden schon durchkommen«, sagte Mutter. Und dann sagte sie: »Ob eine Frau im Kaufhof Weihnachtsmann sein kann?« Bernd Engelke schüttelte den Kopf. Und da kam mir plötzlich der Gedanke, daß ich selber mich vielleicht melden könnte. Ich sage das ganz offen, weil ich bis dahin nie an so was gedacht hatte. Und mein Alter kann das ja ruhig lesen.

Ich ging also runter zu Haferpaule, um die Sache mit ihm zu besprechen. Bei ihm brauchte ich keine Angst zu haben, daß er den Kumpels was verrät.

Ich fragte, was er von dem Weihnachtsmann-Job halte.

»Warum nicht«, sagte Haferpaule, »wenn sie dich nehmen? Bist ein bißchen mager in den Schultern. Dafür hast du eine tiefe Stimme. Das ist die Hauptsache. Was hat denn deine Mutter für eine Meinung?«

»Pst«, sagte ich, »die darf es nicht wissen.«

»Und dein Vater?«

»Der erst recht nicht. Und die Kumpels noch weniger. Die sind nicht für Weihnachtsmänner.«

Haferpaule nickte. »Brauchst denen ja nichts auf die Raufe zu stecken.«

Kurz und gut, ich ließ mich mein Geschäftsleiter melden, doch da sind so verdammt viele Zimmer, daß ich nicht weiß, welcher Geschäftsleiter es gewesen ist. Überall sitzt ein Mädchen mit Telefon, da heißt es: »Einen Moment, bitte, nehmen Sie doch Platz.« Man wird ein paarmal hin und her geschickt, und dann stehst du, hast die Mütze in der Hand, und hinter dem Schreibtisch sitzt irgend so'n Mensch mit Schlips und Kragen und murmelt: »Was wünschen Sie?«
Ich sage: »Ich bin der Sohn vom Weihnachtsmann Kleinschmidt.« – »Gewiß, gewiß«, sagt der Mensch hinter dem Schreibtisch, »wie geht es dem Vater? Nicht gut?«
»Nein«, sage ich, »er hat Fieber und liegt zu Bett. Er wird wohl auch fort müssen zur Kur.«
»Bedauerlich«, sagt der Mensch, »er hatte sich gerade gut eingearbeitet. Und das Geld hätte er wohl auch nötig.«
»Allerdings«, sage ich.
»Und Sie«, sagt der Mensch, »womit kann ich Ihnen helfen?«
Ich gebe mir einen Ruck und sage: »Vielleicht kann ich den Job übernehmen?«
Der Mensch mustert mich. »Stehen Sie mal auf«, sagt er.
Ich erhebe mich vom Stuhl und mache mich, ohne daß er es merkt, ein Stück größer.
Der Mensch hat inzwischen ein Papier entdeckt, das ihn interessiert. Er faltet es auseinander und steckt es in einen grünen Aktendeckel. »Schade«, sagt er, »wie ich eben sehe, haben wir schon einen Bewerber, der älter ist als Sie. Und anderthalb Kopf größer. Sie verstehen: ein Weihnachtsmann muß etwas darstellen. Das ist nun mal so. Der Vertrag ist gerade geschrieben. Übrigens auch ein Schüler. Ein Abiturient. Aber wir haben uns sowieso entschlossen, den Job nur halbtags zu vergeben. Während der Hauptgeschäftszeit. Leuchtet doch ein, wie?«

O ja, das war zu begreifen. Auch, daß ich Pech gehabt habe und nicht rechtzeitig zur Stelle gewesen bin. »Nichts für ungut«, sagt der Geschäftsleiter und schüttelt mir die Hand.
In der Musikabteilung – ich gehe da manchmal durch, um die Gitarre zu betrachten – traf ich Bernd Engelke. Er hatte keine Zeit, deshalb sagte ich nur kurz was über meine Bewerbung und daß sie fehlgeschlagen war. Er lachte vor sich hin und ließ mich einfach stehen. Ein paarmal sah ich ihn noch hinter den Verkaufstischen auftauchen. Er ist wirklich sehr groß. Sonst fällt einem das gar nicht so auf. Überhaupt, wenn ich jetzt, wo Weihnachten vor der Tür steht, alles in Ruhe überlege, komme ich mir doch manchmal wie ein Dummkopf vor. Nicht, daß ich etwas falsch gemacht habe, aber ich hätte schon eher was merken müssen. Klar, hinterher ist man klüger. Und daß Bernd Engelke mir damals in der Musikabteilung nichts verraten hat, ist auch verständlich.
Jedenfalls sah ich ihn von da ab nur noch in der Schule. Wir hatten unseren Treffpunkt oben vorm Lehrmittelzimmer. Wenn gerade kein Pauker in der Nähe war, standen wir da herum und besprachen die nächste Aktion. Dabei mußte es allerdings auffallen, daß Bernd Engelke nicht mehr auf demselben Horn blies wie früher. Er schwieg nicht gerade, aber er zuckte meist die Achseln, als ginge ihn die Sache kaum noch etwas an. Von Flugblättern wurde überhaupt nicht mehr gesprochen. Zugegeben, viel Erfolg hatte die Aktion nicht gehabt. Ein einziger Artikel war in der Zeitung erschienen: »Weihnachten mal anders«. Dann gab es fünf oder sechs Leserbriefe, ganz nett soweit, »Jugendliche diskutieren mit Weihnachtsmann«, »Protest gegen den Rummel«.
»Man braucht also nur nachzustoßen«, meinte Sheriff Schulte. »Vielleicht den Weihnachtsmann entführen, wie wäre es damit?«

Bernd Engelke nickte, als wollte er sagen: Versucht's doch. Oder er blickte geradeaus, wo das Fenster war und wo man den Schnee um die Schornsteine fegen sah. Oder er fragte nach meinem Vater. »Hat er geschrieben?« fragte er. Die Kumpels schwiegen dann eine Weile. Von einer zweiten Aktion beim Kaufhof war nicht die Rede, und das kam dem Neuen, der dort Posten bezogen hatte, zugute.
Mitunter sah ich ihn. Ein langer, ziemlich dürrer Kerl. Die Pelzmütze hatte er tief in die Stirn gezogen. Der Bart bedeckte fast das ganze Gesicht. Nur die Nase und die Augen waren frei. Ein Weihnachtsmann wie aus dem Bilderbuch.
Trotzdem, irgend etwas stimmte nicht. Ich hatte das Gefühl, als wäre da was im Gange, wovon keiner recht wußte, was es war. So oft wir uns beim Kriegerdenkmal trafen oder hinter dem Bratwurststand, blinzelten wir uns zu und taten, als brauchten wir bloß den Mund aufzutun, um das Geheimnis herauszulassen. Doch dann sprachen wir über was anderes, nicht über Bernd Engelke, nee, obwohl jedem auffiel, daß er sich kaum noch blicken ließ. Matz Freede sagte: »Entweder er macht sich scharf fürs Abi, oder er hat eine neue Freundin.«
Und dann war ich mal wieder bei Haferpaule. Er putzte an einem Pferdegeschirr, hatte die Pfeife im Mundwinkel hängen und schwieg. Schließlich zeigte er in den Hof hinaus: »Ist das nicht euer Holzstoß?«
Ich sagte: »Verdammt nochmal, ja.«
Haferpaule blickte mich mißbilligend an. »Weshalb mußt du bloß so unverschämt fluchen?«
»Das gehört dazu«, sagte ich. Und dann wollte ich wissen, was mit dem Holzstoß wäre. Mein Alter hatte ihn nämlich gekauft, kurz bevor er beim Alu-Werk rausflog.
»Warum ist das Holz nicht gespalten?« fragte Haferpaule.
»Kein Geld«, sagte ich. »Nicht mal bezahlt, das Holz. Neu-

lich haben wir die Rechnung vom Forstamt gekriegt. Hat aber keinen Zweck, uns Rechnungen zu schicken. Die Unterstützung langt kaum für die Raten vom Fernseher. Und für die Waschmaschine.«

Haferpaule machte sich wieder am Geschirr zu schaffen.

»Woher wissen Sie das mit dem Holz?« fragte ich.

Haferpaule schielte zu mir rüber. »Kannst du dichthalten?«

»Klar«, sagte ich.

Er schabte sich am Ohr, aus dem kurzes, graues Gekräusel hervorquoll. Man hätte wirklich nicht sagen können, wie alt Haferpaule war.

»Die Rechnung für das Holz ist bezahlt«, sagte er leise. »Eigentlich sollst du das nicht wissen. Aber warum nicht? Ist doch eine gute Nachricht.«

»Und wer hat Ihnen das gesagt?«

»Deine Mutter. Sie kam gerade über den Hof, als ich in den Stall ging. Da zeigte sie mir die Quittung. Vom Forstamt. Irgendwem mußte sie das Papier ja zeigen, denke ich. So viel Holz und von irgend jemand bezahlt.«

»Von irgend jemand?«

»Na ja«, sagte Haferpaule, »darum geht es. Wenn ich selber die Rechnung bezahle, brauche ich mich doch nicht so zu freuen.«

»Und wer soll das sein, dieser Jemand?«

»Weiß ich's«, sagte Haferpaule. »Nicht mal deine Mutter hat eine Ahnung. ›Der Weihnachtsmann‹, hat auf der Quittung gestanden. Da werden sich die Herren vom Forstamt wohl einen Spaß gemacht haben.«

Ich traute mich nicht, Mutter nach der Rechnung zu fragen. Ihr Gesicht war blaß wie immer. Doch kam es mir manchmal so vor, als hätte sie beim Kartoffelschälen rasch mal gelacht, so halblaut vor sich hin. Dann blickte sie sich erschrocken

um. Obwohl das ganz gut aussah – meinen Verdacht wurde ich deshalb nicht los, im Gegenteil, er verstärkte sich. Dieser Bernd Engelke, weshalb war er so komisch gewesen, damals in der Musikabteilung? Da war irgend etwas, das er verschwieg. Und vielleicht sollte man mal Detektiv spielen, wie? Mußte doch rauszukriegen sein!
Ich ging also los, ganz allein. Es war dunkel und regnerisch, ein paar Tage vor Weihnachten. Am Kaufhof herrschte ein toller Betrieb. Die großen Glastüren drehten sich ununterbrochen. Das schob und drängte und schleppte verschnürte Pakete und vollgestopfte Einkaufstaschen. Zwei Langhaarige hockten in der Ecke des Vorraums und wärmten sich.
Den Weihnachtsmann hatte ich zuerst gar nicht bemerkt. Er stand gebückt hinter der Losbude. Als ich näherkam, sah ich, daß er an seinem Mantel etwas in Ordnung brachte. Dabei blickte er sich unsicher um, als fühlte er sich beobachtet. Von Zeit zu Zeit schüttelte er den Sack und verteilte Bonbons und Pfeffernüsse. Der Fotograf, der sonst neben ihm herging, war nicht zu sehen. Vielleicht trank er Kaffee oder wechselte im Kaufhof den Film.
Ich wartete, bis der rote, mit Pelz besetzte Mantel neben dem Telefonhäuschen war, so nahe, daß er fast meinen Arm berührte. Dann beugte ich den Kopf vor und rief: »Hallo, Bernd!«
Nicht mal besonders laut rief ich, doch der Weihnachtsmann drehte sich blitzschnell um und zischte: »Halt die Klappe, Mensch!«
Er vergaß sogar, die Stimme zu verstellen, wie er es sonst tat, wenn er mit den Kindern oder den Müttern sprach. »Was willst du?« zischte er. »Mich verraten?«
»Nein«, sagte ich.
»Was dann?«

»Ich wollte bloß wissen, wer unsere Holzrechnung bezahlt hat.«
»Holzrechnung? Was soll der Quatsch?«
Er tat, als wüßte er von nichts. Dabei blickte er sich ängstlich um. »Paß auf, du kannst mir helfen. Sieh mal dorthin, zur Bushaltestelle. Na, wer steht da?«
»Sheriff Schulte«, sagte ich. »Und noch vier oder fünf andere. Was haben die vor?«
Der Weihnachtsmann zuckte die Achseln. »Diskutieren. Oder irgend so'n Blödsinn. Gestern haben sie's auch versucht. Da hat der Fotograf sie verscheucht.«
»Sie wissen, wer du bist?«
»Nicht die Bohne. Und du? Verrätst doch wohl nichts? Auch deiner Mutter nicht?«
»Ehrenwort«, sagte ich.
Doch es war schon zu spät. Bernd Engelke versuchte noch die Drehtür zu erreichen, doch das gelang nicht, weil Rudi Simon ihm plötzlich den Weg versperrte. Es gab eine Stauung vor der Tür, die Käufer wurden ärgerlich. »Was ist los?« riefen sie und versuchten sich durchzuschieben. Bernd Engelke konnte nicht vor und nicht zurück.
Inzwischen hatten drei andere von der Gruppe sich rangemacht, und Sheriff Schulte versuchte, dem Weihnachtsmann den Sack zu entreißen. Gleichzeitig kriegte Mike Schellfisch, der auch über einsachtzig groß ist, die Pelzmütze zu fassen. Und Rudi Simon den Bart.
Es sah nun fast wie eine Schlägerei aus. Ich stand ein paar Schritte abseits, und ich glaube, ich habe gelacht, als Bernd Engelkes blonder Haarschopf unter der Vermummung auftauchte.
Verdammt, ich hatte gut lachen, ich wußte ja Bescheid – aber die Kumpels!

Keiner hatte Bernd Engelke in der Verkleidung vermutet. Verdutzt standen sie da, mit blöden Gesichtern. Kein Wort kriegten sie heraus. Bis Sheriff Schulte irgendwas von »Verrat« murmelte und zweimal kurz hintereinander durch die Finger pfiff. Das war das Zeichen für die Gruppe, sich bei Erdmanns Zigarrengeschäft zu sammeln.
Ich sah noch, wie Bernd Engelke die Pelzmütze wieder aufsetzte und wie einer der Passanten ihm den weißen flockigen Bart über die Köpfe der Leute hinweg zuwarf. Bevor er den Bart über das Kinn schob und ihn an den Ohren befestigte, winkte er zu Erdmanns Zigarrengeschäft hinüber.
»Schande«, sagte Sheriff Schulte.

Was gibt es noch zu berichten? Ich habe schon viel zu viele Wörter gemacht. Und das hätte ich kaum getan, wenn Bernd Engelke mich nicht aufgefordert hätte: »Schreib mal alles hübsch der Reihe nach, damit jeder in der Gruppe es lesen kann.«
»Warum gerade ich?« habe ich gefragt. »So was Ausführliches ist nicht meine Sache.«
»Du mußt trotzdem schreiben«, hat Bernd Engelke erwidert, »weil du der einzige bist, der genau Bescheid weiß. Und dein Vater muß ja auch erfahren, was aus seinem Job geworden ist. Mit ihm hat es doch angefangen, oder?«
Na ja, so habe ich mich hingesetzt. Hauptsächlich, damit mein Alter einen Spaß hat. Es geht ihm schon besser. Und der Arzt hat gesagt, solche langen Briefe seien genau das richtige für ihn. Da braucht er sich wenigstens wegen zu Hause keine Kopfschmerzen zu machen.
Freilich, ohne Bernd Engelke wären wir ganz hübsch in die Klemme geraten. Jetzt ist nicht nur das Holz bezahlt. Auch drei Raten für den Fernseher. Und gestern hat Bernd En-

gelke bei uns geklingelt und hat Mutter einen Briefumschlag in die Hand gedrückt. Sie durfte ihn aber nicht öffnen, nee, das wollte er nicht. Erst übermorgen, hat er gesagt. Mutter war ein bißchen verlegen, weil wir so was nicht gewöhnt sind. Doch Bernd Engelke hat gelacht und gesagt, irgendwas Handgreifliches müsse bei der Aktion ja herausspringen. Hoffentlich holt er sich keinen Schnupfen, denn es ist ziemlich kalt geworden.

Und die Kumpels? Die haben lauthals geschrien und Bernd Engelke erst mal mit Verachtung gestraft. Ein Überläufer war er, für den man sich schämen muß. Ausgerechnet er, nicht zu glauben. Doch als ich der Gruppe von der Holzrechnung erzählte, wurden sie stiller. Zwar spuckte Sheriff Schulte noch immer große Töne, doch die andern hörten ihm kaum zu. »Eigentlich dufte«, sagten sie, »auch wenn es falsch war, so heimlich zu tun.«

Haferpaule habe ich es auch erzählt. Er ist nicht so recht klug daraus geworden. Immerhin, woher das Geld für das Holz stammt, hat er begriffen.

»Wie heißt der junge Mann?« fragte er nach einer Weile.

Ich sagte: »Bernd Engelke.«

Haferpaule nahm die Pfeife aus dem Mund. »Engelke? Sieh mal an.«

Und dann wollte er wissen, ob ich auch rechtzeitig fertig würde mit der Schreiberei. »Damit dein Alter was Hübsches zu lesen hat. Ich meine, wenn er zum Fest allein ist.«

Na gut. Übermorgen ist Heiligabend. Vielleicht schafft es die Post noch. Mit Eilboten.

Wie das Stroh in die Krippe kam

Das geschah damals, als ich noch der Räuber Kolle Kunkel war und dem Bauern Rott das Haus anzünden wollte. Ja, ich gestehe es, ich bin ein böser Kerl gewesen. Die Menschen im Land hatten Angst vor mir, und erst die Kinder! Ich sah ja auch furchterregend aus: Einen schwarzen, zottigen Bart hatte ich, die Haut war von Sonne und Frost gegerbt wie Leder, und meine Stimme klang rauh, als knarre ein Stück Astholz im Wind. Meine Fäuste taten viel Böses, sie raubten, schlugen und stahlen. Bald lief die Kunde von meinen Untaten durch das Land, und wenn der Sturm an den Fensterläden rüttelte, sagten die Mütter: »Hört ihr? Der böse Kolle Kunkel geht um!«

Es war damals ein harter Winter, der Schnee lag hoch in den Mulden, und das Räuberhandwerk gedieh schlecht. So oft der Hunger mich trieb, verließ ich die Höhle im Wald, stutzte den Bart, wusch Gesicht und Hände und zog einen langen, laubgrünen Mantel an, den die Frau des Bauern Rott, eine mitleidige Seele, mir vor Jahr und Tag geschenkt hatte. Ich brach einen Knotenstock ab und befestigte den Stern darauf, einen gelben, glänzenden Stern aus Blech. Ich dachte: Wer den Stern anguckt, der schaut nicht auf den Räuber Kolle Kunkel, denn das Blech glitzerte und funkelte, sobald das Sonnenlicht oder der Schein der Hauslaternen darauf fiel. So zog ich von Hof zu Hof, klopfte an den Türen und sang. Schön war meine Stimme nicht, eher heiser und rauh, aber ich hatte einen guten, demütigen Augenaufschlag und wußte mich schwach und zittrig zu stellen, so daß jedermann Mitleid empfand.

Alle gaben mir ein Stück Brot oder einen Zipfel Wurst, oder sie ließen mich einen Becher voll Milch trinken, nur der Bauer Rott nicht. Der war geizig und mißtrauisch. Womöglich hatte ich eine Dummheit gemacht, bei Rott anzuklopfen, wo ich doch seinen langen, laubgrünen Mantel trug, den sein Weib mir geschenkt hatte. So kam es, daß Rott mich groß anstarrte und den Knechten befahl, mir den Mantel, den ich gewiß gestohlen hätte, von der Schulter zu reißen. Es half nichts, daß die Bäuerin für mich eintrat. Der Bauer schrie noch zorniger, die Knechte nahmen mir Mantel und Stern fort und hetzten die Hunde hinter mir her.
Deshalb wollte ich jetzt dem Bauern das Haus anzünden. Ich tat einen Feuerbrand in den Krug, nahm ein Bündel Stroh unter den Arm und machte mich auf den Weg nach Bethlehem, wo der reiche und jähzornige Rott wohnte.
Am Grenzstein, hinter den Birken, traf ich Reineke Fuchs und fragte: »Bruder Fuchs, wohin?« Er habe es auf Rotts Hahn abgesehen, antwortete der Fuchs, weil er ihn jedesmal verriet, so oft er in die Nähe der Höfe schlich.
»Da haben wir den gleichen Weg«, sagte ich und dachte, es könne nur von Nutzen sein, wenn der wachsame und listige Fuchs mich begleitete. Es war eine dunkle, mondlose Nacht. Als wir zu den Schafhürden kamen, sagte Reineke, wir sollten lieber einen Umweg machen, da er kein Freund von Hunden sei, am wenigsten von großen, zähnefletschenden Hirtenhunden.
Wir überquerten den Bach. Auf einmal blieb Reineke stehen: »Was ist das? Es wird ja taghell!«
Wahrhaftig, der Schnee glänzte wie Linnen, und das Eis des Baches strahlte, als wäre es aus Silber gemacht.
Ich blickte nach Bethlehem, wo dicht über den Dächern ein mächtiger Stern stand, wie ich noch nie einen gesehen hatte.

»Die Welt geht unter«, sagte der Fuchs erschrocken. »Wir müssen uns beeilen, wenn wir vorher unseren Schnitt machen wollen.«

Als wir die Talsenke beim schwarzen Moorloch überquerten, blieb Reineke wiederum stehen. Er hob den Kopf und spitzte die Ohren. »Hörst du die Musik?« fragte er, indem er sich auf die Hinterpfoten reckte, als wollte er tanzen. »Die Katzen können es nicht sein, dazu ist es zu kalt.«

»Das ist Engelmusik«, behauptete ich. Ja, der Gesang war noch süßer als Honig, noch kräftiger als weißer Branntwein. Wenn man ihn hörte, zitterte das Herz im Leib vor Furcht und Freude zugleich, es ging bis in die innersten Knochen.

»Marsch«, sagte der Fuchs, »wir sind gleich da. Siehst du das Haus vom Bauern Rott? Das wird eine lustige Fackel geben!«

Wir pirschten uns vorsichtig näher, im Schatten der Straßenbäume. Dann kam die hohe Planke und das Hoftor.

»Mach schon«, sagte der Fuchs, der nichts lieber sah, als wenn es lichterloh brannte.

Ich tauchte das Bündel Stroh in den Krug, der mit roter Glut zur Hälfte gefüllt war. Mit dem flammenden Stroh wollte ich die Schindeln, die brüchig und trocken waren und weit herabreichten, in Brand stecken.

Der Fuchs schlich inzwischen auf die Seite, um die Fenster des Hauses im Auge zu behalten.

Ich starrte in den Krug. Zum Teufel, wollte das Stroh nicht Feuer fangen?

»Beeil dich«, rief der Fuchs. »Ich glaube, Jochen Früh, der Trompeter, ist wach.« Damit meinte er den Hahn, der gerade jetzt zum ersten Mal krähte.

Ich zog das Strohbündel aus der Glut und betrachtete entsetzt die gelben, unversehrten Halme. Hatte man so etwas in der Welt schon gesehen? Stroh, das im Feuer nicht verglühte?

Der Fuchs rannte ungeduldig herbei. »Was ist? Hast du dich anders besonnen?«
Ich schüttelte den Kopf und steckte das Bündel wiederum in den Krug.
»Her mit dem Stroh!« rief der Fuchs. »Wenn die Scheune erst flackert, wird das Hühnergesindel mir nicht entkommen!«
»Da«, sagte ich, »hast du den Brand!« Ich hielt Reineke Fuchs das Stroh unter die Nase. Er wich zurück, den Schwanz vor Entsetzen eingeklemmt. Nie habe ich ein dümmeres Fuchsgesicht gesehen. Wäre mir nicht selbst jämmerlich zumute gewesen, ich hätte laut gelacht und mir die Schenkel geklopft, so verstört sah Reineke aus.
Da hörten wir über uns eine helle Stimme. »Gebt euch keine Mühe«, sagte die Stimme, »heute nacht bringt ihr nichts Böses zustande.«
»Warum nicht?« fragte der Fuchs.
»Weil dies eine besondere Nacht ist, darum krähe ich. Und ich werde es gleich noch einmal tun, um die Bauersleute zu wecken. Sie sollen aufstehen und den Herrn der Welt anbeten, der in dieser Nacht geboren ist.«
»Wecken? Das wirst du nicht tun«, sagte der Fuchs drohend.
Der Hahn, der bisher auf dem Firstbalken gesessen hatte, schlug die Flügel laut klatschend gegeneinander und flatterte herab. »O gewiß werde ich krähen«, entgegnete er sanft, »und ihr beiden Räuber werdet froh sein, wenn ihr uns zum Stall begleiten dürft.«
Reineke Fuchs knirschte vor Zorn: »Ehe du krähst, beiße ich dir den Hals ab!« Er warf sich mit einem schnellen Satz auf den Hahn und packte ihn an der Gurgel. Doch so groß seine Gier war, er konnte nicht zubeißen, die Zähne gehorchten ihm nicht. Verdutzt ließ er von Jochen Frühs schöner, geringelter Halskrause ab.

Der Hahn bewegte wieder die Flügel. »Siehst du«, sagte er, ohne zu triumphieren, »nicht eine einzige Feder habe ich verloren.« Danach reckte er den Hals und schmetterte wie eine helle Trompete den Weckruf über den Schnee. Es hallte weit in die Gassen von Bethlehem, im Haus wurden die Lichter angesteckt.

Reineke Fuchs, der bis dahin wie erstarrt gestanden hatte, machte linksum kehrt.

»Warte doch, Bruder Reineke«, rief der Hahn, »wir gehen zusammen!«

Der Fuchs hielt im Laufen ein, er wendete den spitzen Kopf. Womöglich dachte er das gleiche wie ich: Wo ein großer Herr auf die Welt kommt, wird für unsereinen gewiß eine Kleinigkeit abfallen.

»Wir gehen«, sagte ich kurz, »ist es weit?«

»Nur ein paar Schritte«, trompetete der Hahn.

Der Fuchs spitzte die Ohren. »Ich höre Gekläff«, sagte er mißtrauisch.

»Das sind die Hirtenhunde«, antwortete der Hahn, »die mit ihren Herren zum Stall gehen, um dem neugeborenen Kind etwas zu schenken.«

»Ich habe kein Geschenk«, sagte der Fuchs kleinlaut.

»Nimm das Stroh«, sagte der Hahn, »das ist besser als gar nichts.«

Reineke ergriff das Strohbündel mit den Zähnen. Ich trug den Feuerkrug, so machten wir uns auf den Weg. Und ich wunderte mich, weil der Fuchs keine Angst mehr vor den Hirtenhunden hatte.

Als wir zum Stall kamen, blickten wir uns ratlos um. Nirgends ein Schatten, darin man hätte verschwinden mögen. Der große Stern stand genau über dem Dach und funkelte in alle Ecken und Winkel.

»Dort ist die Tür«, sagte der Hahn.
Ich stolperte über die Schwelle. Fast hätte ich die Glut aus dem Krug verloren.
»Wie gut, daß ihr kommt«, sagte da eine helle, zarte Stimme.
Ich sah eine junge Frau auf dem Hauklotz hocken, die hatte ein Gesicht wie Milch und Blut, und wenn sie lachte, zeigten sich obendrein winzige Grübchen auf ihren Wangen. Das war ein wunderschöner Anblick, ich hätte sie unentwegt anschauen mögen, tat es aber nicht, weil ich doch ein Räuber war.
Sie kraulte Reineke das Fell und bedankte sich für das schöne, trockene Stroh. »Ein sehr nützliches Geschenk«, sagte sie und breitete die Halme in die Krippe. Der Graubart, der neben ihr stand und der zuerst argwöhnisch die Eindringlinge gemustert hatte, half ihr, unwirsch brummend.
Ich erschrak. Das Kind hatte wahrhaftig auf dem nackten Holz gelegen!
»Komm näher«, sagte die helle Stimme wiederum, »ja, dich meine ich, Kolle Kunkel.«
Ich hob die Augen und sagte, daß ich nichts zu schenken hätte, die Herrschaften möchten es nicht krummnehmen.
»O doch«, sagte die junge Mutter, »du hast einen Feuerbrand im Krug.«
Ich blickte auf die Glut und wunderte mich, daß jetzt Funken heraussprangen wie Sternchen.
»Wenn ihr den Brand haben wollt…«, brummte ich.
»Gern«, erwiderte die Frau. »Das Kind könnte sich sonst erkälten. Willst du es nicht anschauen, Kolle Kunkel?«
Ich wagte die Augen kaum zu öffnen, weil ich fürchtete, das Kind zu erschrecken. Womöglich hatte es noch keinen Räuber gesehen.
»Es will deinen Bart zausen«, lachte die Frau.

»Verzeih«, sagte ich, »das ist ein Räuberbart, er ist im Winter gewachsen, als ich in der Höhle saß.«
»Du wirst nicht mehr in der Höhle sitzen«, sagte die Frau.
Da ließ ich das Kind in meinem Bart zausen. Fuchs und Hahn guckten verwundert zu, und nur der Alte, den die Frau Joseph nannte, brummelte.
Ich weiß nicht, wie ich aus dem Stall fortgekommen bin. Auf dem Heimweg trafen wir den Bauern Rott. Er schielte mißtrauisch zu mir her, doch als die Bäuerin ihn am Ärmel zog, besann er sich und sagte, er habe schon länger mit mir sprechen wollen. Er brauche einen Knecht in seinem Stall, sagte er, und singen könne ich bei ihm auch, am Feierabend, versteht sich.
So kam ich auf Rotts Hof, den ich doch hatte anzünden wollen. Und so oft ich Reineke, den Fuchs, beim Moorloch traf oder im Wald, ließ er den Hahn vielmals grüßen und sagte, indem er mich kopfschüttelnd von oben bis unten betrachtete, den schwarzen, gestutzten Bart, das saubere Gewand und die blanken Stiefel: »Die Welt ist wunderlich genug. Doch nirgends geht es merkwürdiger zu als in Bethlehem!«

Liebes Feuer, laß dich schüren

Liebes Feuer, laß dich schüren,
gib uns einen hellen Schein!
Weihnacht klopft schon an die Türen,
will bei uns zu Gaste sein.

Liebe Flocke, fall gelinde!
Sanfter grüne, dunkler Tann!
Daß der Fuß im fremden Winde
gute Herberg finden kann.

Liebes Hälmlein, laß dich biegen
in die Krippe warm und weich!
Denn ein Kind soll darin liegen,
das bringt uns das Himmelreich.

Hirt, du bei Gras und Stein

Hirt, du bei Gras und Stein,
laß mich dein Bruder sein.
Will stehen auf dem Feld,
an deinen Stab gestellt.

Will trinken aus dem Krug
Mühsal der Welt genug.
Will essen von dem Brot
der Erde Lot um Lot.

Will harren bei dem Tier.
Nur laß mich knien allhier,
erschreckt vom Engelhall,
Hirt, neben dir im Stall.

Die Kerze

Sieh mich an: ich brenne
steil und ungespart.
Wo ich Licht bekenne,
bin ich aufbewahrt.
Furchtlos in die blinde
Finsternis entfacht –
nur indem ich schwinde,
schwindet auch die Nacht.

Wo ich dunkel bleibe,
weigert sich das Heil.
Bei versehrtem Leibe
wird mir Kraft zuteil.
Wo ich Glut verwehre,
dunkelt auch die Welt.
Daß ich mich verzehre,
bin ich hingestellt.

Daß ich Flamme heiße,
rein und aschelos,
stumm den Stern lobpreise
in der Nächte Schoß,
bald herabgesunken,
eigner Kron' beraubt,
hüte ich den Funken
über meinem Haupt.

Denn der mich entzündet,
weiß, warum ich loh,
ob auch unergründet
Schatten mich bedroh.
Der die Feuerzeichen
über uns erkannt,
bleibt, wenn wir erbleichen,
Strahlung unverbrannt.

Wenn das man gutgeht

Gott behüte, die Nacht ist bald um, und vielleicht hätte ich doch noch Platz für die beiden gehabt, aber ich dachte: wo soll dann der Großvater hin, der Obadja, der liegt in der Ecke und spuckt, und er hat auch keine sauberen Füße. Das ist nichts für schwangere Mädchen, auch wenn ich mit ihr verwandt bin, wie sie behauptet, aus Davids Haus und Geschlecht. Gewiß, der Alte, wenn er getrunken hat, sagt: »Erinnere dich, Josepha, was unserem Stamm geweissagt wurde vorzeiten.« Schon möglich, doch wer weiß das genau und wer bildet sich darauf was ein?
Die Umstände freilich, die gesegneten, wie man so sagt, die sieht man sofort. Bin nicht umsonst Hebamme gewesen, an dreißig Jahre, jawohl, todelend war es, das Mädchen, konnte sich kaum auf den Beinen halten, diese Maria – jetzt fällt der Name mir ein, Maria aus Nazareth, Gott behüte.
Und was der Alte neben ihr ist, ihr Verlobter, sagt sie, man muß sich fragen: wie kommt sie zu so einem Graubart? Man braucht sich doch nicht zu verkaufen aus Davids Geschlecht. Man sieht sich doch vor, man hat einen Mund, der nein sagen könnte, egal, wer da kommt, und wär es ein Herr, meinetwegen der liebe Gott selber – worauf, so dachte ich, hast du, Mädchen, dich eingelassen? Hast du gewußt, was du tust? Denn ausbaden zuletzt mußt du es, Maria, das weißt du. Da hilft kein Augenaufschlag und kein Seufzen, der Fußmarsch nach Bethlehem muß erst mal sein, weil der Kaiser in Rom es befiehlt, ganz einfach. Was fragt der Kaiser nach schwangeren Weibern, der hat, mit Verlaub, nur die Steuern im Kopf.

Obadja, sobald er den Namen »Augustus« hört oder »Quirinius«, was unser Statthalter ist, spuckt jedesmal aus und knurrt: »Da siehst du, Josepha, wie die Sanftmut regiert, wie der Friede gemacht wird, wie die Wölfe brüderlich bei den Schafen liegen.« – »Obadja«, sage ich, »sind wir denn besser? Warum«, so sag ich, »haben wir sie nicht aufgenommen? Hat doch dreimal geklopft, das Mädchen, hat gezittert vor Kälte, hat gesagt: ›Wenn es Euch angenehm ist, Großmutter Josepha‹ – na, und war es uns angenehm, Alter?«
Freilich, es geht seit Wochen schon so mit dem Fragen und Klopfen, überall fremdes Gesindel, das liegt herum und nistet sich ein, wird noch kahlfressen den Ort wie die Heuschrekken Pharaos Kornfeld. Gottchen, verzeih mir, denn jeder ist sich selber der Nächste. Gelebt hab ich lange genug, das zu erfahren, und wie der Mensch gemacht ist seit Adams Fall.
Immerhin, kaum waren sie wieder ins Wetter hinaus, da tat es mir leid, bin vielleicht auch nur neugierig gewesen. Umsonst hört man das Gerede ja nicht von Davids Geschlecht und daß ein Retter, ein König soll kommen aus dieser Ecke der Welt.
O ja, brauchen könnten wir ihn, den Retter, könnten brauchen ihn jeden Tag neu. Obadja, der alte Kerl, ist schon ziemlich klatrig geworden, flucht auch mitunter und sagt: »Gerechtigkeit gibt's nicht, hörst du, Josepha? Wie hätten wir sonst bei schwieligen Händen nichts als den halben Acker, dagegen Jephta, der Großherr, der abends sich Harfe vorklimpern läßt, der nichts fragt nach dem Gesetz und dessen Hände trotzdem gesalbt sind, hat an Kebsweibern fünf und zweihundert Acker Land obendrein – ist das gerecht? Ist das in Ordnung?«
Ich denke: Gott behüte, gerecht ist das nicht. Und was, so frag ich, wenn man mit Davids Stamm so unachtsam um-

geht, soll wohl werden aus dem, der nicht mal in einem menschlichen Haus, nicht mal auf dem Pfühl, nein, der im Viehstall bei Ratten und Mäusen, verzeih mir, zur Welt kam, ohne richtigen Vater?

Ja doch, ich habe es liegen gesehn, das Kind, auf dem Holz, wo sonst, auf nacktem Holz in der Futterkrippe. Zu meiner Schande sah ich's, neugierig bin ich gewesen, nahm vom Haken das Tuch, lief umher in den Gasthöfen, fragte, wo denn die Schwangere untergekommen, die Jungfer Maria, die behauptet, mit unsereinem verwandt zu sein.

Kurz, ich hatte ein schlechtes Gewissen, stellte rasch dem Obadja das Brot auf den Tisch, der Wind ging von Norden, man kam schlecht vorwärts, und fast hätte ich ihn nicht gesehen, den Stern, der, wie es hieß, seit der neunten Stunde über dem Ort stand.

Alles, was recht ist, ein großmächtiger Stern, ich fürchte, viel Gutes hat sowas nicht zu bedeuten. Ich treffe also Amasa, die Stallmagd, sie zeigt nach dem Stern, dann nach dem Schuppen, ich seh einen Lichtschein schräg in der Tür – da höre ich hinter mir Stimmen, stelle mich unter das Vordach, nein, nicht ängstlich, wer wird einer alten Frau schon was antun. Ist auch keiner, der mich bemerkt, ein Trupp dunkler Männer in Winterpelzen, die Kappen tief im Gesicht. Na, denk ich, was haben die hier im Stall zu suchen, vielleicht ein Schaf, ein verirrtes, und drücke mich hinter ihnen hinein.

O, es war nicht bloß Neugier, man hat die Sprüche ja noch im Ohr, von der Wurzel aus Jesse, der Tochter Zion, die jauchzen wird, wenn der König kommt, ein Gerechter und Helfer. Irgendein Glanz, so denk ich, müßte zu merken sein, denn was hofft man nicht alles, wenn man den Weltenlauf kennt, den Krieg, den Aussatz, die Armut, den Geiz, die Mißgunst im Herzen.

Hinter dem Pfosten versteckt, man reibt die Augen, was sieht man? Ein paar Verrückte, was sonst. Vielleicht auch Betrunkne. Sie blicken blöde sich um, ziehn die Kappen vom Schädel, stoßen mit Fäusten sich an und zeigen stumm auf das Kind. Dann, ungelogen, knien sie nieder, als hätten sie Jephta, den Großherrn, vor sich. Und einer, mit grauen Stoppeln am Kinn, erzählt von dem Engel, der habe geschrien wie eine Posaune. Friede! hat er geschrien, und: Freude von Gott! und: Gerechtigkeit allen Menschen!

Nehmt bitte daran keinen Anstoß – ich weiß, was ich hörte, ich weiß, was ich sah. Der Graubart schnitzte an seinem Stock, als müßt er bald weiter. Maria lächelte, und dem Kind, dem brauchte ich, Gott behüte, nicht mehr zu helfen, es war nun schon in der Welt, klein und runzlig, so lag's in der Krippe, wie alle Kinder, die plötzlich da sind und satt, nachdem sie bei der Mutter getrunken. Der Esel, der kaute am Erbsstroh, der Ochse glupschte, das Maul weit offen, ein Faden Speichel zog sich auf die Tenne herab, im Winkel fiepten die Mäuse.

Offen gestanden, nicht einen Heller hätt ich gesetzt auf die goldene Zukunft aus Davids Haus, auch wenn der Engel, was ich bezweifle, wirklich geschrien hat, auch wenn die Stallmagd, mit der ich noch Kaffee trank in der Kammer, erzählte von Magiern in buntbestickten Gewändern, mit Turbanen weiß, mit Gerät und reichen Geschenken. »Amasa«, sag ich, »schweig, du wirst kindisch.«

Oder, so denk ich nun auf dem Heimweg, am Tor der Verheißung vorüber, bei Daniels Kaufhaus, da dreh ich mich um und denke: sollte doch etwas dran sein?

Der Stern steht, groß und funkelnd, immer noch über dem Stall. Die Nacht ist bald um, und ich denke: so dunkel und hell zugleich ist Bethlehem, Davids Stadt, nie gewesen.

Und ich sehe das Kind, das Kind im Stall, das Kind, bei dessen Geburt ein Engel laut schreien muß, das Kind, das auf Holz liegt, das Kind, das die Hirten vom Feld holt und die Magier lockt von den Rändern der Welt, das Kind vielleicht aus meiner Verwandtschaft.
Dergleichen seh ich nicht gern, man hat so seine Erfahrung. Man müßte ein Auge drauf haben, denk ich, schon an der Haustür und leise die Stiege hinauf, daß der Alte nicht aufwacht. Denke, ausgestreckt auf dem Lager, schon halb im Schlaf, denke: wenn das, wenn das man gutgeht.

Aufregende Nachricht

Die Nachricht, wer hörte sie nicht?
Die Dunkelheit ruft sie ins Licht.
Licht antwortet der Dunkelheit.
Die Nachricht schreit über alle Zeit.
Aufregende Nachricht.

Die Nachricht, wer hält sie für wahr?
Sie schreit über Tage und Jahr.
Sie steht am Weg, sie gibt dir Geleit:
Mensch, du bist von dir selber befreit!
Aufregende Nachricht.

Nachricht, daß du nicht bangst und bebst
inmitten der Angst, in der du lebst,
im Hunger, im Tod, in der Kriege Graun –
die Nachricht, wer will auf sie baun?
Aufregende Nachricht.

Die Nachricht, wer nimmt sie an?
Wer schlägt die Dämonen in Bann?
Wer tritt aus dem Dunkel ins Licht?
Wer glaubt das: Fürchte dich nicht!?
Aufregende Nachricht.

Der kleine Engel aus Goldpapier

Es muß eine windige Gegend gewesen sein, sagen wir, in Wilhelmshaven, und der Engel war wirklich sehr klein, vielleicht nicht größer als eine Hand, und eine solche Hand hatte ihn kurz vor Weihnachten aus Goldpapier geschnitten. Jetzt war Weihnachten vorbei, das Christbäumchen hatte man abgeräumt und auf den Balkon gestellt. Da stand es nun, nackt und bloß, und war traurig. Der Flitter war weg, die bunten Glaskugeln lagen wieder im Karton, die Stümpfe der Kerzen, die so feierlich gebrannt hatten, waren aus den Blechhaltern gekratzt. Zwar gab es am Baum noch ein paar Lamettafäden, aber das sah erst recht trostlos aus, zumal die roten Äpfelchen, die Biskuits und Schokoladenkringel allesamt aufgegessen waren. Nur der kleine Engel aus Goldpapier hing noch im grünen Gezweig. Ursprünglich waren es zwölf Engel gewesen; elf hatte man eingepackt, den zwölften vergaß man, und der war nun allein.

»Es wird immer kälter«, sagte der Christbaum. Tatsächlich, der Wind, der vom Meer herkam, fegte über den offenen Balkon. Der kleine Engel schaukelte ein wenig, das gefiel ihm. Es erinnerte ihn an die Abende im Wohnzimmer, als die flakkernden Kerzen die Luft ebenfalls zittern ließen. »Schön war das«, sagte der Engel, »ich zitterte ebenso. Manchmal schwebte ich ein bißchen, und ich hoffte, ich könnte sogar fliegen.«

Der Christbaum brummte grämlich vor sich hin, weil der Wind ihn hart anfaßte. Zittern kannte er wohl, doch vom Fliegen hatte er nie geträumt. »Liegt dir so viel daran?« fragte er den kleinen Engel.

Der richtete sich ein wenig auf. »Aber natürlich. Ich habe nie an etwas anderes gedacht.«
Dem Christbaum, der sich mit Mühe an der Balkonecke festhielt, fielen plötzlich die kleinen Vögel ein, die früher durch seine Zweige gehuscht waren. »Richtig«, sagte er, »die Vögel flogen ja auch. Sogar im Wind flogen sie, das machte ihnen Spaß.«
»Mir würde es noch besser gefallen«, sagte der kleine Engel.
»Warum?«
»Weil ich ein Engel bin. Ich habe doch Flügel.«
»Sogar aus Goldpapier«, bestätigte der Christbaum. »Bist du darauf etwa stolz?«
»Nein«, sagte der kleine Engel, »Engel sind nie stolz. Nicht mal auf Goldpapier.«
»So, so«, brummte der Christbaum. Er wollte nicht ausdrück-

lich sagen, daß er selber ein wenig stolz gewesen war, als er geschmückt und mit brennenden Kerzen in der Weihnachsstube stand. Und weil ihm, der ebenfalls nur ein kleines Bäumchen war, der kleine Engel leid tat, fragte er: »Was hast du davon, ein Engel zu sein, wenn du nicht einmal stolz sein darfst?«

Der kleine Engel schwieg. Nach einer Weile sagte er: »Engel müssen verkünden.«

»Verkünden?« wunderte sich der Christbaum. »Hast du das getan?«

»Ja«, antwortete der kleine Engel, »aber meine Stimme ist sehr leise. Und die Trompete ist auch nicht groß. Ich weiß nicht, ob die Leute es gehört haben.«

»Ich verstehe«, sagte der Christbaum, »deshalb willst du jetzt noch woandershin fliegen.«

»Ja«, sagte der kleine Engel, »das wäre mir recht. Doch ich bin ja an deinem Zweig festgemacht.«

In diesem Augenblick wurde aus dem Wind, der vom Meer kam, ein richtiger Sturm. Darauf hatte der Christbaum gewartet. Er brauchte die Zweige nur ein wenig auszubreiten, da hob der Sturm ihn aus dem offenen Balkon hoch in die Luft und trug ihn weit über Straßen und Baumwipfel davon.

»Wir fliegen!« rief der Christbaum, während er ein wenig ängstlich über die Hausdächer wirbelte, an dicken Schornsteinen und Lichtmasten vorbei.

Der kleine Engel hatte keine Angst. Für Engel gibt es ja nichts Schöneres als Fliegen. Und er hatte es sich obendrein so sehr gewünscht.

Am nächsten Morgen aber lag der Christbaum auf der Straße. Manchmal rollte er ein Stück weiter, weil der Sturm noch immer vom Meer her wehte. Die Straßen waren leer. Nur ein kleines Mädchen, das in die Schule wollte, kam vor-

bei und bückte sich zu dem rollenden Christbaum herab. Da hing doch etwas zwischen den Zweigen?
»Ein Engel!« rief das Mädchen und zog das Goldpapier vom Baum. Doch der Sturm riß es ihr sofort aus der Hand.
Das Mädchen blickte noch lange hinterher, bis die goldenen Flügel hinter dem Dachfirst verschwanden. Ja, und niemand weiß nun, wohin der kleine Engel geflogen ist.

Es müssen nicht Männer mit Flügeln sein

Es müssen nicht Männer mit Flügeln sein,
die Engel.
Sie gehen leise, sie müssen nicht schrein,
oft sind sie alt und häßlich und klein,
die Engel.

Sie haben kein Schwert, kein weißes Gewand,
die Engel.
Vielleicht ist einer, der gibt dir die Hand,
oder er wohnt neben dir, Wand an Wand,
der Engel.

Dem Hungernden hat er das Brot gebracht,
der Engel.
Dem Kranken hat er das Bett gemacht,
und er hört, wenn du ihn rufst, in der Nacht,
der Engel.

Er steht im Weg und er sagt: Nein,
der Engel,
groß wie ein Pfahl und hart wie ein Stein –
es müssen nicht Männer mit Flügeln sein,
die Engel.

Rudolf Otto Wiemer wurde 1905 in Friedrichroda/Thüringen geboren. Er war Lehrer in Böhmen, Thüringen und Niedersachsen, zeitweise auch Bibliothekar und Puppenspieler. Bis 1967 arbeitete er als Realschullehrer in Göttingen, wo er seit 1954 lebt. Er veröffentlichte Romane, Erzählungen, Gedichte, Hörspiele, Kinderbücher und Stücke für Laienspieler. Im Quell Verlag erschienen: »Häuser aus denen ich kam. Ungeschriebene Briefe« (1985), »Ausflug ins Grüne. Erzählungen« (1986), »Der dreifältige Baum. Waldgeschichten« und »Schilfwasser. Gedichte über die frühen Jahre in F.« (1987), »Die Erzbahn. Erzählungen des Landmessers« und »Die Schlagzeile« (1988) sowie »Brenn, Feuerchen, brenn doch« (1992).

Alfred Pohl wurde 1928 in Essen geboren. Er erhielt eine Ausbildung als Kunsterzieher in Trier und Lüneburg und besuchte die Werkkunstschule Hannover. 1963 wurde er Assistent für Kunsterziehung an der Pädagogischen Hochschule in Göttingen. 1967–1970 und 1972–1974 war er in Lateinamerika (Lima und Kolumbien) pädagogisch tätig. Seit 1974 lebt er als Kunsterzieher in Göttingen. Seine bevorzugten künstlerischen Techniken sind Farbholzschnitt und Radierung. Zahlreiche Ausstellungen im In- und Ausland. – Die Holzschnitte für dieses Buch entstanden in enger Zusammenarbeit mit Rudolf Otto Wiemer.